Die Tätowierungen der jungen Tanja W.

Harald Birgfeld

3. Auflage

Herausgeber, Autor, Redakteur: Harald Birgfeld,
e-mail: Harald.Birgfeld@t-online.de

Internetadresse:
www.Harald-Birgfeld.de

© 2018
Herstellung und Verlag:
BoD – Books on Demand, Norderstedt.
ISBN: 9783752841961

Inhalt... Seite

I.   Mit meinem Bild.. 4
II.   Mein Alltag 15
III. Die nächsten Tage 21
IV.   Tanjas Mutter..28
V.   In den letzten Tagen 33
VI.   Am vorletzten Tag 39
VII. Tanjas Mutter hatte 46
VIII. Am letzten Tag des...54
IX.   Es fing ganz harmlos damit an................................61
X.   In der folgenden Nacht 68
XI.   Wenn es um Gerüche geht 75
XII. Tanja hatte eine Bleibe......................................82
XIII. Derzeit habe ich 91
XIV. Bei den Gedanken..101
XV.   Ein schöner neuer Tag 109
XVI. Mit dem Schweden..118
XVII Die Tanja ist ein Schatz 124

I.

Mit meinem Bild, das ich Zuhause begonnen hatte, kam ich nicht voran. Ich war abgelenkt. Das kam von dem Aussehen eines Mädchens, an das ich immerzu denken musste. Es war ein erwachsenes Mädchen. Ich schätzte es auf achtzehn Jahre; naja, wahrscheinlich war es sehr viel jünger.

Als ich mir nämlich kürzlich, um die Mittagszeit, in der Kantine unserer Behörde einen Platz suchte, einen möglichst ungestörten Platz, fiel mein Blick auf dieses Mädchen. Es saß einer älteren Frau gegenüber, die ich kannte. Sie arbeitete in derselben Behörde wie ich und war in der Registratur tätig. Diese Frau erinnerte ich als angenehm gesprächig.

Sie hatte mir einmal erzählt, dass sie privat Bienen züchtete. Das hat mich interessiert. Eine Frau, die in der Behörde sitzt, in der Registratur, einem der verstaubtesten Plätzchen überhaupt und Zuhause Bienen züchte, das war doch etwas. Ich hatte sie dabei nach allem möglichen befragt, woraus sie sofort entnahm, dass ich von Bienenzucht nun wirklich keine Ahnung hatte. Das war nicht schwer zu erkennen. Was konnte ich schon von Bienenzucht wissen. Für meine Unwissenheit zeigte sie Verständnis und schilderte mir ausführlich, wie sie eine Königin machte.

Ihre Erzählung war für mich ein richtiges kleines Märchen mit allen Grausamkeiten, die dazu gehören.

Eine Königin machte sie, indem sie über einer ausgewählten Biene ein hauchdünnes, grobmaschig gewebtes Tuch so lange hin und her schob, bis von dem kleinen Tier beide Flügel durch die Maschen des Stoffes hindurch reichten. Die Biene durften dabei nicht verletzt werden. Das konnte ich verstehen. Ich verstand auch aus ihrer Schilderung, dass sie außerordentlich sorgfältig mit diesem kleinen lebenden Wesen umgehen musste, um es auf gar keinen Fall zu verletzen.

Wenn die Frau alles so hatte, wie sie es sich dachte, oder wie es sein musste, dann schnitt sie der Biene trotzdem einfach von außerhalb des Tuches die Flügel ab. Von nun an hatte das kleine Tier nur noch eine einzige Überlebenschance: es musste von seinem Volk als Königin angenommen werden.

Die Erzählung interessierte mich mit einer fast an Verwirrung grenzenden Erregung. Ich verspürte in mir eine beginnende Hitze, die sich nach außen ausbreitete und dort wieder verebbte. Die Menschen selbst, die so etwas erzählen, bleiben mir meistens unerschlossen, weil das, was sie erzählen, einerseits brutal und andererseits selbstverständlich ist.

Ich sollte das an einem anderen Beispiel deutlich machen.

Sehen Sie, in meinem Beruf komme ich sehr häufig in Schulen, um dort die Arbeitsplätze der Lehrerinnen und Lehrer zu besichtigen. Ich habe es gelernt, für dieses Völkchen, Lehrer und Erzieher, eine uneigennützige Liebe zu entwickeln. Sie sind sozusagen meine Kinder, um die ich mich zu kümmern habe. Einigen von ihnen sieht man an, dass sie auf verlorenem Posten stehen. Sie haben resigniert oder verbreiten unerschütterlichen Gleichmut. Andere aber, die in ihrem Beruf aufgehen, strahlen über das ganze Gesicht, und es macht Freude zuzuschauen, wie sie mit ihren Kindern umgehen. Von allen gemeinsam aber wird der kleinste Eingriff von außen als Störung empfunden, und man tut gut daran, sich möglichst zurückzuhalten. Eine ganz andere Gruppe hat sich in der täglichen Arbeit bereits so zerschlissen, wegen dauernder Überforderung und Überlastung, dass sie Mitleid erregen. Auch aus diesem Grund traut sich kein Außenstehender an sie heran oder dort irgendwie einzugreifen, und er tut auch hier gut daran. Von einer solchen Gruppe nun, Lehrerinnen, eigentlich Erzieherinnen, soll mein Beispiel handeln. Sechs oder acht dieser Frauen, hatten mehrfachschwerstbehinderte Kinder im Alter von vier bis acht Jahren zu betreuen. Sie erzählten mir von der Arbeit an den Kindern, von den Aufgaben, die sie sich mit diesen Kindern stellten. Das waren Aufgaben, die sie in drei Worten zusammenfassten: „Wir können keine erzieherischen Aufgaben mehr erfüllen. Verstehen Sie, wir machen täglich stundenlanges Esstraining und müssen zuschauen, wie die Kinder manchmal gar nichts von dem Essen bei sich behalten können. Wir sind gezwungen, mit ihnen ebenso langatmig Toilettentraining zu machen, und von Erfolgen können wir dabei auch nicht reden. Als Fernziel, nach jahrelangem Bemühen, erhoffen wir uns, mit dem einen oder anderen Kind einen Körperkontakt aufnehmen zu können. Das bleibt wirklich nur ein Fernziel und wird bei den wenigsten Kindern erreicht. Die Behinderungen der Kinder sind dafür zu groß, für uns zu unüberwindlich". Ich fragte nach: „Wie groß sind denn die Gruppen der Kinder?" Eine Erzieherin antwortete: „Normalerweise habe ich sechs, aber heute sind es nur vier". Und dann kam die Zusatzbemerkung, um deren Willen ich die ganze Geschichte erzähle: „Zwei sind wohl krank, ich glaube, die haben Schnupfen oder sind erkältet".

So etwas rührt mich. Das beschert mir eine Gänsehaut. Diese wirklich kranken Kinder sind in den Augen der Erzieher also erst dann krank, wenn sie einen Schnupfen oder eine Erkältung haben. Das, finde ich, ist brutal und verständlich zugleich.

Ich musste dabei an die Bienenzüchterin denken. Die Biene durfte nicht verletzt werden, um Königin zu werden, und ihr wurden aus demselben Grund die Flügel abgeschnitten. Welch ein Wahnsinn und wie sinnvoll.

Ich empfinde diesen Widerspruch körperlich, als elektrisches Gefühl in meinem Magen, das von dort nach überall ausstrahlt. Ich bin erregt und denke, dass eine Auflösung, ein gutes Ende der Geschichte folgen muss. Das ist aber nicht der Fall. So ein Ende kann es gar nicht geben.

Ich selbst sage auch nichts dazu, ich horche nur nach innen, ob sich dort etwas tut. Dort schreit es. Es schreit so laut, dass ich denke, jeder in meiner Nähe müsste es hören. Er ist ein Stummschrei, den ich nicht unterdrücken kann. Es ist mein Stummschrei oder die Entdeckung meines inneren Raumes.

Mein Mund ist geöffnet, als wäre ich ein Kind zu Füßen eines Märchenerzählers.

Dem kann ich mich nicht entziehen.

Ich frage dann Einzelheiten nach und möchte die kleinsten Kleinigkeiten ganz genau wissen: „Was passiert mit den abgeschnittenen Flügeln. Zucken die noch? Werden die gesammelt? Warum macht man das so? Machen die Bienen das unter sich auch so?" Die Frau konnte mir das nicht erklären: „Das wird nun 'mal so gemacht. Alle machen das so. Einer muss es doch tun, oder?" Und dann noch: „Meistens funktioniert es ja auch".

Ich fragte zurück: „Was heißt denn das: meistens".

"Ja, meistens heißt, dass die Biene nicht eingeht, also nicht stirbt. Sie muss nur als Königin angenommen werden, sonst allerdings geht sie zugrunde". Wieder so ein Märchenstück, das grausam endete.

Die Frau erkannte schnell, dass ich Phantasie und Wirklichkeit nicht immer auseinander hielt.

Sie sagte: „Ist nicht so schlimm, wenn eine stirbt. Man kann immer noch eine andere zur Königin machen". Das alles fiel mir ein, als ich die Frau vor dem Mädchen am Tisch sitzen sah.

Das Mädchen hatte Tätowierungen auf den Armen.

Ich weiß nicht ob man das nachvollziehen kann, aber die Entdeckung der Tätowierungen, der Anblick der Frau und die Tatsache, dass es sich bei dem tätowierten Körper um den eines für mich blutjungen Mädchens handelte, waren die bildliche Darstellung dieses Märchens von der Bienenkönigin.

Die Frau brauchte das Mädchen gar nicht zu kennen. Es konnte ihr wildfremd sein und ihr durch einen Zufall gegenübersitzen. Für mich war sie aber die Biene, die, gestutzt durch die Tätowierungen, Königin werden sollte.

Nein, wie absurd, wie schön und wie unendlich zufällig.

Die Gedanken in meinem Kopf waren entsprechend märchenhaft: ‚Wird sie angenommen als Königin oder muss sie zugrunde gehen'. Ohne Inhalt war dabei die Frage nach deren Bedeutung.

Ich fragte mich: ‚Wie geht sie mit den Tätowierungen um, warum hat sie die. Sind sie der persönliche Ausdruck von Zerbrechen?' Den schlimmsten Gedanken wagte ich gar nicht zu Ende zu denken: ‚Gibt sie mit den Tätowierungen bereits sichtbare Zeichen? Ist sie schon am Ende? Hat sie sich insgeheim mit der Einmaligkeit dieser Körpermalerei schön gemacht, um sich damit zu bestrafen? Stellte sie ihren Körper deswegen zur Schau? Betrieb sie eine besondere Art der Prostitution? Wollte das Mädchen nur auffallen, um sich selbst, einem Freund oder sonst jemandem etwas zu beweisen?' Diesen Drang, seinen verletzten Körper einerseits anzuprangern, andererseits aber die Tätowierungen Andere als Schönheit empfinden lassen zu wollen, löste in mir das Gefühl aus, dass es in dem Mädchen sehr, sehr schlimm aussehen musste.

Das Mädchen wollte sicher imponieren. Aber hätte es dafür nicht ganz andere und bessere Mittel gehabt? Mittel, die nicht so unwiderruflich für alle Zeiten waren?

Mit dem Essenstablett in der Hand ging ich auf die beiden zu. Sie saßen an einem großen Tisch, der für acht Personen vorgesehen war. Außer ihnen saß dort aber niemand.

Meine Neugier wuchs. Ich ging an den Tisch. Ich hätte mich einfach hinsetzen können. Ich hätte auch fragen können, ob noch Platz frei ist. Das ist in einer so großen Kantine aber unsinnig. Der Platz war ja frei. Wenn man aber fragt, ob noch frei ist, und man sich dabei an jemanden wendet, den man kennt, dann heißt das ganz klar, dass man eben wegen dieser bekannten Person und in der ganz entschiedenen Absicht, mit dieser Person zu reden, um den Platz bittet.

Die Antwort kann schroff sein, zum Beispiel: „Hm, was? Ach so, ja. Ist ja noch frei," und Schluss. Dann kommt man nicht ins Gespräch.

Sie kann aber auch lauten: „Ach Sie sind es. Nehmen Sie doch Platz", usw. usw. Das ist dann gut.

Ich habe ehrlich gesagt nicht lange darüber nachgedacht, sondern gleich gefragt: „Darf ich mich setzen, ist noch frei?" und mich auch schon niedergelassen.

Die beiden Frauen haben uninteressiert aufgeschaut, und nur die aus der Registratur schien mich wiederzuerkennen.

Sie sagte: „Ach, Sie, setzen Sie sich ruhig zu uns".

Das klang sehr vertraut, fast so, als ob sie mich einbeziehen wollte in eine kleine Gemeinschaft.

Es gab etwas Gemeinsames zwischen den beiden, das war sicher. Mein Essen wurde unwichtig. Ich stocherte nur darin herum, aß wenig und schielte immer wieder auf die nackten Arme des Mädchens mit den Tätowierungen. Die befanden sich sogar noch auf den Schultern. Blaue Hautzeichnungen überall.

Nicht gerade eindrucksvoll als Zeichnungen, reichlich einfach und vordergründig sogar, aber als Tatsache machten sie mich betroffen.

Ich dachte angestrengt darüber nach, wie ich mit denen ins Gespräch kommen, wie ich diese Körpermalerei ins Gespräch bringen konnte. Ich entschloss mich, es über die Frau neben mir zu versuchen und sprach sie mit einer Lappalie an: „Arbeiten Sie eigentlich ganztags, Frau W.?"

Sie antwortete mit unendlichen Traurigkeit in ihrer Stimme: „Nein, schon lange nicht mehr. Ich gehe doch zweimal in der Woche noch in ein Altersheim. Hatte ich Ihnen das nicht 'mal erzählt? Wahrscheinlich nicht. Ist auch nicht so wichtig".

Das Mädchen an der anderen Seite stocherte ebenfalls in seinem Essen herum. Wie es so am Tisch saß, erinnerte es mich an ein Tier, an einen Vogel. Ich dachte an die Bewegungen einer Taube, die das Köpfchen in die Federn steckt und hier und dort etwas zurecht zupft. Ich dachte an die Bewegungen eines Huhnes, das sich in eine Sandkuhle gelegt und die Flügel ganz unnatürlich von sich weggeschoben hat.

Es wäre leicht, ein solches Tier zu fangen.

Das Mädchen gab sich einer trägen Lustlosigkeit hin mit dem Ausdruck, dass ihm ziemlich alles egal war. Die Arme lagen so auf dem Tisch, dass sie eigentlich von der Tischkante hätten herunterrutschen müssen. Es war ihr offenbar viel zu schwierig und zu umständlich, sich bequem aufzulehnen. Die Arme stützten das Mädchen nicht ab. Sie bewahrten den Körper aber immerzu gerade noch vor dem sicheren Abrutschen.

Das Mädchen saß auch nicht aufrecht, wie es meistens junge Mädchen in dem Alter tun, um ihre Figur zu zeigen, oder weil es ihnen anerzogen ist: „Ein Mädchen sitzt gerade am Tisch und nicht krumm wie ein Fiedelbogen".

Ihre Mundwinkel waren etwas nach unten gezogen, zeigten Geringschätzigkeit und gleichzeitig kindliche Unzufriedenheit. Das mochte gar nicht ihre Absicht sein, stand ihr aber gut.

Der Mund war schön geformt, so richtig zum Zeichnen. Die Schultern waren auch zeichnens- und auf jeden Fall zeigenswert. Darüber trug sie einen dünnen, ärmellosen, schwarzen Pullover. In Gedanken verfolgte ich mit den Augen die Konturen darunter, wie bei einem Aktmodell. Schöne Schultern haben einen ganz besonderen Verlauf. Er beginnt nämlich schon am Hals und fällt ein ganz klein wenig nach außen ab. Er wandert als eine Erhebung über ein leicht fleischiges Schultergelenk, schwingt danach, dort wo der Oberarm beginnt, mit dem Hauch einer Empfindung nach außen und stürzt, weil es nun so sein muss, nach unten in den weiteren Verlauf des Armes. Schöne Schultern sind ein wunderbares Geschenk und ein Abenteuer für das Auge.

Die Haut spielt dabei eine ganz große Rolle. Trotzdem ist der Verlauf der Formen viel wichtiger. Schultern, die ein Knochengerüst zeigen, werden zum Kleiderständer. Die muss man ja nicht unbedingt allen zeigen oder zeichnen wollen.

Schöne Schultern haben leider nicht immer einen schönen Körper im Gepäck, auch wenn eigentlich jeder Körper irgendwo seinen unerwarteten Reiz hat. Das Auge eines Zeichners sucht ja nicht nur den Reiz des Schönen, sondern viel öfter den des Ausdrucksvollen, die Überraschung.

Reizlose Körper sind nicht von Hause aus reizlos sondern nur, weil sie so reizlos gezeigt werden.

Da wird der Zeichner mit seinen Augen zum Dieb. Seine Augen suchen und finden und stehlen den Reiz für seine egoistischen Zwecke.

Das ist ihm nicht verboten. Er darf sich aber bei diesem Beobachten nicht ertappen lassen, wie mir es schon passiert ist.

Zweimal hatte ich völlig selbstvergessen Frauen zugeschaut, die mir in der Bahn mit ihrem Strickzeug gegenübersaßen.

Einmal war es eine ältere und einmal eine sehr viel jüngere. Sie hatten beide die Blicke unter ihren niedergeschlagenen Augen auf die Arbeit in ihrem Schoß gerichtet. Beste Gelegenheit für mich zum genauen Betrachten.

Ich war dabei recht schamlos vorgegangen und schaute auf alles. Mir entging keines der kleinen Hautfältchen, keine Bewegung der Finger. Ich schaute genau in die Falten der Kleider und auf die Sonnenhärchen ihrer Wangen, der Oberlippen, des Kinns und unter den Ohren.

Jede der Frauen war aber plötzlich wortlos aufgestanden und, ohne mich eines einzigen Blickes zu würdigen, zu einem anderen, weit entfernten Platz gegangen und hatte sich dort hingesetzt. Dort haben sie mit den gleichen gesenkten Augenlidern ihre Handarbeit fortgesetzt.

Es waren die niedergeschlagenen Augen gewesen, die mich so sicher hatten werden lassen. Das hatte ich aber falsch eingeschätzt.

Auch dieses Mädchen in der Kantine, mir gegenüber, hatte den Blick gesenkt. Das Gesicht drückte Gleichgültigkeit aus. Vielleicht irrte ich mich und es war Traurigkeit, einfaches Nachdenken, trotziges Vorsichhinbrüten. Vielleicht war es Betroffenheit, eine persönliche Schwäche, Verlegenheit oder mädchenhafte Unsicherheit.

Geschlossene Augen zu zeichnen oder zu malen ist sehr, sehr schwer. Nicht nur, weil man die Gedanken hinter der Fassade nicht errät, sondern weil sie eigentlich für den Betrachter keine Aussage machen. Als Zeichner möchte ich mich damit nicht zufrieden geben. Nein, die geschlossenen Augen müssen blicken.

Um das zu erreichen, sind zwei Bedingungen zu erfüllen. In der Zeichnung müssen die geschlossenen Augen gewölbt erscheinen, um eine nicht vorhandene gemeinsame Blickrichtung vorzutäuschen. Das ist in Wirklichkeit zwar nicht der Fall, weil die Augen geschlossen sind. Das Auge des Betrachters aber verlangt das.

Nur so ist es für den Betrachter richtig.

Er würde auch sofort feststellen, wenn hier irgendetwas nicht stimmte. Die Augen im Bild würden ihm zu schielen scheinen. Das wäre furchtbar. Wenn alles stimmen soll, müssen die geschlossenen Augen also eine einzige Blickrichtung haben.

Das zweite wesentliche, das noch viel wichtiger ist als die Blickrichtung, ist etwas, das nur Kenner begeistert. Das wird nur von den Menschen richtig verstanden, die sich selbst schon einmal um die Lösung dieses Problems bemüht haben. Andere können es zwar nachempfinden, aber nicht begründen. Sie erkennen die Ursache nicht.

Das, von dem ich nun spreche, ist das Malen oder Zeichnen von geschlossenen Augen, die trotzdem gucken, schauen, die voll auf den Betrachter gerichtet sind. Das waren zum Beispiel die Augen der beiden Frauen aus der Bahn gewesen. Die haben auf mich geschaut, ohne mich angesehen zu haben. Die hatten mich durch ihre niedergeschlagenen Augenlider beobachtet. Zu zeichnen, wie die den Beobachter beobachten, und, dem Betrachter eines solchen Bildes, dieses Gefühl hautnah zu vermitteln, das ist das allerschwierigste.

Die Frauen an meinem Tisch kamen mit dem Essen genauso wenig voran wie ich.

Ich wagte einen neuen Vorstoß und wandte mich an die Jüngere. Ich blickte dabei unverwandt auf ihre Schultern, wo der Pullover eine der Tätowierungen etwas verdeckte. Der Pullover hatte zwar keine Ärmel, begann also direkt auf den Schultern, ließ aber noch ein Stückchen einer

Tätowierung herausschauen. Ich hätte nicht sagen können, was ich sah, aber ich meinte, wenigstens zwei Farben unterscheiden zu können. Mir kam es auch nicht auf das ‚Was‘ bei den Tätowierungen an, sondern auf die Tatsache, dass ich sie sah.

„Entschuldigen Sie bitte, wenn ich Sie so einfach frage, aber mich interessiert es... Wissen Sie, ich kann mir das nicht anders erklären... Sagen Sie mir bitte, sind die Tätowierungen echt?" Ich sah deutlich, dass es nicht die einzige Malerei auf ihrer Haut war, und meine Frage war mir selbst dumm und unangenehm genug. Es war ganz offensichtlich, dass es hier nichts Unechtes gab.

Das Mädchen sagte nur: „Stimmt. Sind echt", und schaute dabei nicht hoch. Sie schämte sich nicht etwa, sondern sie war von meiner Frage gelangweilt.

Die Frau, ihr gegenüber gab bessere Auskunft: „Das ist meine Tochter. Die Tätowierungen sind unser größtes Problem. Meine Tochter wünscht sie sich alle wieder weg. Sie weiß nur nicht wie. Übrigens", zu ihrer Tochter, „das ist ein Kollege, ist Ingenieur bei uns".

Die Tochter schaute kurz hoch, mir in die Augen, und als ob sie dort etwas Erfreuliches gefunden hätte, sagte sie: „Wissen Sie, wenn ich mich irgendwo vorstelle, trage ich sonst ein kleines Jäckchen mit langen Ärmeln, damit man nichts sieht. Wenn ich dann den Job habe, muss ich den Kollegen langsam klarmachen, wie ich am Körper aussehe. Die meisten verstehen das ja nicht. Können sie auch nicht. Das geht noch. Aber sobald ein Chef etwas mitbekommt, denkt der nur noch an seine Kunden, die vielleicht mal ins Büro kommen können. Dann flieg' ich entweder gleich wieder 'raus, oder der kommt jeden Morgen und sieht nach, ob ich die Jacke mit hab'. Ich ertrag das alles bald nicht mehr".

Die Mutter: „Das sind ihre Jugendsünden. Fragen Sie nicht, wie ich darunter gelitten habe. Das kann sich kein Mensch ausmalen. Und nun soll alles wieder runter".

„Wie weit geht denn die Malerei. Ich meine setzt sie sich am ganzen Körper fort?"

Die Frauen sahen mich ein wenig fassungslos an. Ich schämte mich nun richtig. Das Mädchen hätte meine Tochter sein können, und ich stellte Fragen, scheinbar mit einer derartigen Begehrlichkeit, als wollte ich das Mädchen ausziehen und mir alles an ihr ansehen und das gleich, gleich hier am Tisch und beim Essen.

Ich warf ein: „Nein, nein. Es interessiert mich zwar, aber entschuldigen Sie bitte meine Neugier".

„Sie glauben doch nicht, dass ich nur das bisschen habe, was Sie sehen, oder?"

Die Mutter stimmte zu: „Wenn es nur das wäre. Nein, nein, das geht schon weiter".

Ich sagte: „Dann gibt es jedenfalls an Ihrem Körper viel zu entdecken".

Beide lächelten müde.

Ich sagte: „Körpermalerei ist die älteste Kunstform, die man sich denken kann. Kinder lernen sie als erste, wenn sie ihren eigenen Körper mit Farbe verfremden dürfen".

Das hatte ich nur aus Spaß gesagt, um die beiden aufzuheitern. Ganz offenbar hatten sie das aber noch niemals in ihrem Leben gehört und diesen naheliegenden Gedanken noch niemals gehabt. Sie waren völlig überrascht davon.

Die Tochter sagte sofort: „Stimmt das wirklich?"

Und die Mutter sagte: „Dann sind deine Tätowierungen vielleicht sogar noch Kunstwerke".

Mir fiel auf, dass die beiden ungehemmt und in ganz normaler Lautstärke über die Bilder auf ihrem Körper sprachen. Kein Geheimnis, nichts Verborgenes lag in ihren Stimmen und dass ich mich mit ihnen darüber unterhalten konnte, war für mich ganz ungewöhnlich und mir neu.

„Früher hatte ich noch Hemmungen, die Tätos offen zu zeigen. Die durften nur meine Freunde sehen. Nur mit denen habe ich darüber gesprochen", kam von der Tochter.

Die Gelassenheit, die das Mädchen jetzt an den Tag zu legen schien, kam mir unglaubwürdig vor. Für mich war es ein Kokettieren mit ihrer Schamhaftigkeit. Ich konnte mir sehr gut vorstellen, wie sie hin und her pendelte zwischen braver Wohlerzogenheit, einem sich lieber einmal zu viel Artigbedanken, einem unterwürfigen Knicks beim Dankeschön sagen, und einer gewöhnlichen, verletzenden, Türen schmeißenden Ver- und Unerzogenheit. Beidem lag dieselbe Koketterie zugrunde.

Beides mochte ohne innere Beteiligung, als ein Spiel, als eine Laune über sie kommen, beides mochte sie als eine Art schauspielerisches Tun an sich ausprobieren.

Hier am Tisch probierte sie sich aus. Einmal legte sie einen umgänglichen Ton in ihre Stimme, während sie mit ihrer Körpersprache und Körperhaltung andere, beleidigende Töne anschlug.

Ich traute ihr zu, dass sie, ohne Ankündigung und ohne Grund aufstehen und uns den Tisch mit allem Essen und Trinken über den Schoß kippen konnte. Solche Gefühle kannte ich selbst, die waren mir geläufig.

Mit diesen Gedanken sah ich zu ihr hinüber. Sie blitzte in demselben Augenblick aus schmalen Augen so scharf und verletzend zurück, dass ich mich bestätigt fand. So wie sie jetzt schaute, zog sie ein schauspielerisches Training ab.

Die Übung hieß: ‚Augenlider hoch, direkt anschauen, sehen, ob Verunsicherung möglich ist, Verführung ins Spiel bringen und, falls Gewinn in Aussicht, Gegner mit allen Mitteln, möglichst mit Blickwiederholung und dem gleichen Augenaufschlag, vollständig und gründlich vernichten'.

Die Übung hieß weiter: ‚Bei Verführung: Sieg über den Gegner bis zu seiner Niederlage anstreben'. Das ist ein heißes Spiel, ein Spiel mit persönlichem Einsatz. Aus der Übung kann schnell Ernst werden, und wer sich darauf einlässt, muss bei eigener Unversehrtheit auf immer neue Angriffe gefasst sein, solange jedenfalls, bis das Interesse der anderen Seite nachlässt, in diesem Fall das nachlassende Interesse des Mädchens am Schauspielern selbstverständlich und nicht am zu vermutenden Interesse an seinem Gegenüber. Diese Vermutung meinerseits, dass das Mädchen nämlich ein Interesse an mir hätte haben können, wäre in ihren Augen schon der Sieg über mich gewesen. Hat sie bei ihrem Gegenüber erst einmal das Interesse an sich geweckt, dann ist das für sie natürlich die Bestätigung einer guten theatralischen Leistung. Ihr Interesse an der Person ist damit vorüber, abgekühlt und auf null. Schafft sie das alles aber nicht, sondern hält der Gegner ihren Angriffen stand, so wie ich, dann rettet er sich vielleicht auch ihr Interesse, mit der Aussicht, wirklich mit ihr ins Gespräch zu kommen. Und das war meine Absicht.

Das wäre der Augenblick, an dem es für sie Ernst, für sie gefährlich werden könnte. Sie würde dann einem anderen, als ihrem schauspielerischen Interesse, ausgeliefert werden. Weil das aber nicht ihre Absicht war, kann es schnell zu Kurzschlusshandlungen führen. Ihr Blick war also als eine Drohung zu verstehen. Ich sollte mich nicht weiter für sie interessieren. Er war ein Befehl. Ich verstand ihn so und machte sie damit für einen winzigen Augenblick zu meiner Partnerin. Das mochte sie beruhigen, vielleicht aber auch verunsichern, vielleicht sogar dazu führen, dass sie sich erst recht angegriffen glaubte. Das wollte ich auf gar keinen Fall. Ich wollte sie ja nur ein wenig befragen dürfen.

Mit der Aufmerksamkeit, mit der sie mich belauerte, ihrer Unrast, ihrer Sucht zu verletzen und Suche nach Verletzungen, erkannte sie, was ich vorhatte, und tat von nun an alles als für sie ohne jedes Interesse ab.

Von ihr war augenblicklich nichts mehr zu erfahren. Aus ihr war nichts mehr herauszubekommen.

Ihre Arme machten eine überflüssige Bewegung. Ihr Kinn war fast ganz in den Winkel des angezogenen rechten Oberarmes und des rechten

Unterarmes, der auf dem Tisch lag, gesunken und drückte ihn langsam auseinander. Schlaffheit wurde demonstriert, Beobachten, Belauern, Wirkung und Auswirkung von Annähern an ein fremdes Tier, nämlich an mich, ausprobiert.

Ihre Augen signalisierten: ‚Vielleicht kann ich dich doch noch irgendwie klein kriegen. Im Moment habe ich zwar keine Lust, aber wer weiß'.

Ihre ganze Schauspielerei war mir sehr willkommen. Sie steigerte mein Interesse. Ich hoffte nun auf eine Bemerkung der Mutter. Die kam aber nicht. Das vermisste ich sehr. Es hätte gut in meine Erwartungen gepasst.

Einmal nur noch stöhnte die Mutter plötzlich auf, als müsste sie einen schweren Gedanken beiseiteschieben.

Die Tochter sagte darauf zu ihr: „Lass das doch". Nichts weiter. Ich verstand selbstverständlich nichts.

Die Mutter sah mich an, als ob sie mir etwas erklären wollte, ließ es aber bleiben und sah wieder zu ihrer Tochter hinüber. Die saß immer noch schlaff am Tisch und betrachtete ganz aufmerksam die kleinen Härchen an ihrem Arm.

Ich versuchte es noch einmal mit meinem Mittagessen. Es war ganz kalt geworden.

Ich hörte also auf, nahm mein Tablett, wünschte den beiden noch guten Appetit, sagte: „Mahlzeit" und ging weg, um es auf ein Laufband zu stellen. Das war weit entfernt.

Von dort versuchte ich zurückzuschauen und hoffte, die beiden zu erkennen. Das war aber nicht möglich. Mein Herz schlug heftig und hart, was ich mir nicht erklären konnte. Früher hätte ich es hingenommen, als ein Gefühl von Erregtheit, im harmlosesten Fall von Aufgeregtheit. Jetzt war es aber wegen einer Unentschlossenheit, nein, eigentlich einer Angst.

Ich brauchte keine Angst zu haben, und doch hatte ich sie.

Ich dachte daran, welche Schwierigkeiten ich haben würde, um wieder mit dem Mädchen ins Gespräch zu kommen, etwas über es zu erfahren. Es war mir klar, dass sie nur heute und nur zufällig und sicher nur dieses eine Mal in der Kantine saß. Die Mutter hatte vielleicht etwas von ihr gewollt und sie eingeladen. Und selbst, wenn sie hier ein zweites Mal erscheinen würde, wäre es undenkbar, dass ich ihr gerade in der Zeit wieder begegnen würde.

Das war beklemmend. Wie sollte ich mehr über sie in Erfahrung bringen, viel mehr, alles, was es in Erfahrung zu bringen gab, wenn ich sie nicht sprechen, nicht fragen konnte.

Gewiss gab es die Mutter, die jederzeit von mir angesprochen werden konnte. Aber würde die mir letzten Endes sagen wollen und können, wie es in ihrer Tochter aussah? Das war doch kaum zu erwarten. Das ließ mir keine Ruhe, davor bekam ich Angst.

II.

Mein Alltag sah nun so aus: wenn ich arbeitete, konnte ich mir fremde Gedanken gut vom Leibe halten. Ich dachte nicht an meine begonnenen Bilder und nicht an dieses Mädchen. Ich war ganz bei der Sache, so sehr, dass man mich manchmal ansprach, ob ich denn wirklich meine Arbeit so sehr liebte, dass ich darin aufzugehen schien. Das machte mich stutzig, weil ich doch wusste, dass ich mich damit nur vor den anderen Gedanken, an meine Bilder und an das Mädchen rettete. Und das konnte nur klappen, wenn ich mich ausschließlich um meine Arbeit kümmerte. Näherte sich aber der Feierabend, so erfuhr ich meine innere Unruhe neu. Sie ließ mich wieder an meine begonnenen Bilder denken. Saß ich schließlich zu Hause am Brett, an einem Bild, einer Zeichnung, dann kam ich nicht voran, weil ich an dieses Mädchen denken musste. Vor den Gedanken an das Mädchen floh ich am nächsten Tag in die Arbeit, von dort am Abend wieder in meine Bilder, zu denen ich wegen meiner Gedanken an das Mädchen nicht kam und deswegen wieder an den nächsten Tag dachte und so weiter und so weiter.

Immer, wenn ich mir über diesen Kreislauf Klarheit verschafft hatte, kam das Herzklopfen dazu. Ich konnte es nicht verstehen. Eines war sicher, meine innere Enge wuchs, und ich musste den wohl unbequemeren Umweg über die Mutter gehen und versuchen, durch sie an das Mädchen heranzukommen.

Es vergingen etliche Wochen der Warterei, weil ich erfahren hatte, dass die Mutter sich im Urlaub befand. Gleich nach dem Urlaub wäre sie zwar für mich erreichbar gewesen, inzwischen hatte mich aber der Mut, sie zu fragen, wieder verlassen.

Eine kleine Aussicht hatte ich dennoch, nämlich ein bevorstehendes Weihnachtsfest sollte in den Räumen der Behörde stattfinden. Dort könnte ich sie ansprechen, dort könnte ich ihr auch erklären, dass mich an dem Mädchen so ungewollt viel beschäftigte, und dass ich voll unruhiger Neugier mit der Tochter in ein Gespräch kommen wollte. Diese Aussicht beruhigte mich ein wenig.

Die Feier rückte näher. Ich war immer noch sehr unentschlossen. Meiner Absichten war ich mir selbst immer noch nicht sicher, und es war unklar, wie ich sie der Mutter gegenüber formulieren sollte.

Eigentlich brauchte ich sie ja nur nach der Adresse des Mädchens zu fragen. Eine scheinbare Begründung musste reichen: ‚Ich möchte Ihre Tochter nach den Tätowierungen befragen, nach den Gründen dafür, und so weiter, aus reiner Neugier. Ich möchte Sie im Grunde nur als meine Fürsprecherin gewinnen'. Ja, das hörte sich gut an, so könnte ich es machen.

Am späten Nachmittag fand die Feier statt. Die Mutter war mit Handreichungen und allem möglichen unentwegt beschäftigt, so dass ich sie in nichts verwickeln konnte. Plötzlich aber, als hätte sie ein Engel dahin geschoben, setzte sie sich völlig ermattet direkt neben mir auf einen Stuhl. Ich sah die erhoffte Gelegenheit, mit ihr ins Gespräch zu kommen und versuchte es auch sofort.

„Frau W., ich hatte schon seit längerer Zeit vor, sie noch ein wenig nach ihrer Tochter auszufragen. Sie wissen doch, dass ich so sehr neugierig auf die Gründe für die Tätowierungen bin".

„Ach das sind doch ganz fürchterliche Geschichten. Ich wünschte zu oft, dass es die gar nicht gäbe".

„Wissen Sie, wenn es meine Tochter wäre, würde ich sicher ganz genau so darüber denken wie Sie, aber so, als Außenstehender, finde ich das alles auch hoch interessant".

„Das ist nicht interessant, sondern das ist für uns mit der Tatsache verbunden, dass wir uns bemühen müssen, dieses Kind langsam ernst zu nehmen".

Das erstaunte mich sehr. Ich wäre doch nicht auf den Gedanken gekommen, dass die Eltern dieses Mädchen nicht ernst nehmen konnten. Die Mutter fuhr fort: „Und erst recht, wo sie doch nicht mehr bei uns wohnt".

Ich sah meine Gelegenheit, sie nach der Wohnung des Mädchens zu befragen: „Meinen Sie, dass ich sie 'mal anrufen und vielleicht in ihrer Wohnung besuchen könnte, vielleicht sogar mit Ihnen?"

„Sie haben eine ganz falsche Vorstellung. Die hat keine Wohnung. Wir wissen nicht, wo sie sich aufhält. Wir wissen nur, dass sie mit einem verrückten Österreicher, so einem ‚charmingboy' zusammenlebt. Der ist auch noch elegant und sehr freundlich. Den will sie heiraten. Also für uns ist das alles ganz, ganz schrecklich. Wir sind richtig unglücklich".

Die Frau hatte eine weiße Bluse an. Die war bis oben zu, vorne geknöpft, ganz niedlich, mit einem Hauch von Hausfraulichkeit, weil der Stoff so gut gebügelt zu sein schien. Sie war ziemlich durchsichtig aber wieder nicht zu durchscheinend. Es war vielleicht besonders dünnes Leinen oder eine besondere Art Kunstfasergewebe. Ich wurde durch sie irritiert. Normalerweise sieht man durch dünne weiße Blusen die Unterwäsche.

Irgend so ein Trägerchen schimmert immer hindurch. Das war bei dieser Bluse nicht der Fall. Sie hatte einen groben, spitzenbesetzten Kragen. Dazu trug die Frau eine kleine Kette am Hals. Daran war ein Anhänger. Ganz eng am Hals hatte sie noch eine Perlenkette. Ein Schloss konnte ich nicht erkennen. Die Bluse hatte lange Ärmel. Das nahm ihr viel vom Reiz. Ich konnte kein Hemdchen durch die Bluse hindurch schimmern sehen. Andererseits musste sie Unterwäsche tragen, weil ich nichts von der Brust der Frau durch den Stoff erkennen konnte. Ich hatte meine Logik und verstand hier etwas nicht. Während unseres Gespräches musste ich immer wieder darüber nachdenken und hinschauen, und wurde davon ständig aus dem Konzept gebracht.

Ich fing neu an: „Im Grunde genommen möchte ich Sie gerne als Fürsprecherin bei Ihrer Tochter für mich gewinnen".

Darauf ging sie nicht ein, das schien sie sowieso als selbstverständlich angenommen zu haben.

Sie fragte deswegen auch nicht nach. Ich glaube, dass sie einfach froh war, dass sich jemand für ihre Probleme interessierte. Das hatte ich aber gar nicht vor. Obwohl sie als Frau eher unattraktiv war, strahlte sie während der Unterhaltung viel Wärme, Persönlichkeit und Eigenart aus. Das nahm mich mehr und mehr von ihr gefangen. Ihr Äußeres wurde immer unwichtiger. Wenn nur nicht die Bluse gewesen wäre. Immer wieder musste ich darauf schauen. Selbst wenn sie hautfarbene Unterwäsche getragen hätte, müsste doch wenigstens, bei derartig dünnem Stoff, eine Einschnürung auf der Schulter, im Rücken oder aber oberhalb der Brust zu sehen gewesen sein. Ich konnte aber keine finden.

Ich musste der Mutter klarmachen, dass mein Interesse in erster Linie ihrer Tochter galt und nicht ihr selbst.

Ich fragte deshalb so spontan, wie möglich: „Wie alt ist eigentlich Ihre Tochter?"

„Die? Die ist jetzt zweiundzwanzig".

Das hatte ich nicht vermutet. Da hatte ich mich neulich in der Kantine, ganz schön verschätzt. Das sagte ich der Mutter aber nicht. Ich sagte nur: „Das ist ja noch recht jung".

„Ja, das sollte man denken. Sie hat aber für ihr Alter einen ziemlichen Verschleiß an Männern. Das sind wir von ihr so gewohnt. Deswegen haben wir sie auch nicht so recht ernst genommen. Dass sie den nun aber heiraten will, zwingt uns, sie ernst zu nehmen. Das schlimmste ist, dass er so viel älter ist als sie. Sie sagt, und das muss man sich mal vorstellen, dass sie das Gefühl hat, dass der sie wirklich braucht. Sie sagt, wissen Sie, ich mag das gar nicht aussprechen, weil es so banal klingt, weil es wie aus einem schlechten Roman zu kommen scheint. Sie

sagt: ‚Ich glaube, jetzt weiß ich, dass ich mein ganzes Leben nur für ihn da sein möchte'.
Sie möchte nur noch für ihn da sein. Und das muss ich mir anhören. Sie betreibt das mit einer Sturheit, die wir an ihr nicht kennen. Er ist immerhin schon sechsunddreißig".
Mir schien er ein junger Springer zu sein, weil ich an mein eigenes Alter denken musste. Der Mutter aber musste ich einen größeren Abstand zu den Dingen bestätigen. Sie sah ganz klar, dass dieser Mann für ihre Tochter zu alt war. Die Mutter hegte ganz andere Vorstellungen.
Ich sagte: „Ich habe den Eindruck, dass ihre Tochter".
„Sie heißt Tanja".
„Aha, ein schöner Name. Tanja also".
Ich war wieder aus dem Rhythmus gekommen. Diesmal hatte es aber einen anderen Grund. Ich musste einen Augenblick über den Namen nachdenken. Eine Tanja hatte ich als Braut gekannt. Nicht als eigene sondern als fremde. Das Brautpaar hatte parallel zu seiner eigenen Hochzeit noch Hochzeitswerbeaufnahmen im Geschäft meiner Schwester, einem gutgehenden Juweliergeschäft, machen sollen. Daraus wurde aber nichts. Die Fotos, allerdings von und mit dem Paar, hatte dann mein Sohn gemacht, und ich hatte mir spontan vorgenommen, von dem Gesicht des Mädchens, welches er mit wunderbar niedergeschlagenen großen Augenlidern fotografiert hatte, eine Zeichnung zu machen. Natürlich, da war die Verbindung: Tanja... niedergeschlagene Augen... zeichnen... Bild.
Die Verbindung der beiden war aber nach nur einem Jahr der gegenseitigen Verletzungen in die Brüche gegangen. Die Fotos habe ich noch, und die Augen haben nichts von ihrem Anspruch und Ausdruck verloren. Was mich begeistert hatte, war ja nicht die Braut sondern es waren ihre niedergeschlagenen Augen gewesen. Deswegen geriet ich nun ins Stocken.
Ich begann noch einmal: „Ich hatte den Eindruck, wenn ich das sagen darf, dass ihre Tochter nicht gerade ein sehr ausgeglichener Mensch ist, aber wenn ich nun höre, was sie vorhat, dann ist das doch sehr konsequent und nicht unbedingt stur".
„Im Moment hält sie fest an dem Österreicher. Und der Moment hält schon ganz schön lange an. Eigentlich viel zu lange für sie, so dass wir es fast mit der Angst bekommen".
„Hat sie denn einen Job?"
„Sie hat einen Beruf, ja, den übt sie aber nicht aus. Sie ist ganz schlicht ohne Beschäftigung. Sie hilft ihm. Er hat eine Spielbude mit Kneipe, verstehen Sie, eine Glücksspielbude. Er macht den Geschäftsführer. Also

nicht, dass ihm das gehört. Ich glaube eher, er bekommt ein Gehalt oder irgendwie Geld dafür, dass er den Laden leitet. Immerhin leben die beiden davon und von dem, was sie an Unterstützung bekommt. Darauf sind sie immer noch angewiesen".

„Will sie denn nicht in ihrem Beruf wieder Fuß fassen?"

„Wenn ich das nur andeute, verliert sie schon die Fassung".

„Wieso das denn?"

„Das können Sie sich von dem lieben Mädchen nicht vorstellen, nicht? Wenn wir davon reden, wird sie zur Türen schlagenden, ordinären Marktfrau. Dann schmeißt sie mir und ihrem Vater Wörter an den Kopf, dass wir uns schämen, und kein Wort mehr sagen können. Aber glauben Sie ja nicht, dass sie das beruhigt. Nein, es wird immer schlimmer. Sie gerät völlig außer sich und wirft mit allem, was ihr in die Quere kommt nach uns, an die Wände, gegen Bilder und Schränke, und wendet sich gegen alles, was sie sieht".

Das hörte sich zwar schlimm an, aber ich horchte in mich und war auf eine merkwürdige Weise erfreut über diese Beschreibung. Nicht nur, dass mein erster Eindruck bestätigt war, sondern ich bemerkte auch, dass ich mir das insgeheim so von ihr gewünscht hatte. Gleichzeitig dachte ich: ‚Das ist doch eine schlimme Seite in mir, mich darüber freuen zu können'. Woher mochte das nur kommen?

Ich dachte, dass das Mädchen bei seinen Wutanfällen bestimmt nicht wütend sondern voller Lust war und von Auftrittssucht beherrscht wurde.

Die Mutter fuhr fort: „Wenn sie nach so einem Tanz verschwindet oder trotzdem sogar noch bei uns übernachtet, ist sie hinterher am Telefon oder in unserer Gegenwart am nächsten Tag nicht nur wie ausgewechselt, sondern es ist, als ob der liebe Gott einen Engel in unser Haus gesandt hätte, so lieb ist sie, gefällig, freundlich, hilfsbereit. Sie verbreitet dabei nicht etwa den Anschein, irgendetwas wieder gutmachen zu müssen. Ganz im Gegenteil. Sie ist, so wie sie sich gibt, der reinste, unschuldigste Sonnenschein. Man möchte ihr das eigene Leben schenken dürfen. Sie macht dann jeden zum glücklichsten Menschen. Sie ist dann buchstäblich bis in die Fingerspitzen hinein fröhlich und glücklich. Sie versteht es, eine Gefälligkeit von uns als Geschenk anzunehmen, obwohl doch eigentlich sie etwas in Ordnung zu bringen hätte. Der Gedanke kommt aber weder ihr noch uns. Sie bleibt über den ganzen Tag sonnig und auch am Abend ist sie unser Mittelpunkt. Man kann sich nicht vorstellen, dass sie sich von der einen Sekunde zu anderen so völlig verändert".

„Na, das hört sich ja wild an".

„Sie hat mir erzählt, dass sie sich bei einer Firma hatte vorstellen müssen, weil man ihr einen richtigen Job angeboten hatte. Bei denen musste sie sofort anrufen. Das hat sie auch getan. Dann hat sie mir erzählt, wie es war: ‚Das ist kein Job für mich gewesen. Hab' ich dem am Telefon gesagt. Damit bin ich aber nicht durchgekommen. Ich musste mich persönlich bei dem Typen sehen lassen'. Als mein Mann und ich davon hörten, waren wir zuerst froh und dann erschüttert, richtig entsetzt von ihrem Versuch, abzusagen. Als wir aber danach hörten, dass sie nicht nur hatte hingehen müssen, sondern auch wirklich hingegangen war, hatten wir uns neue Hoffnungen gemacht. Wir wünschten uns so sehr, dass sie über diese wackelige Brücke von dem Österreicher loskommen würde. Sie hat dann ganz aufgeregt weitererzählt, wie das gelaufen war:

Bei dem Chef der Firma hatte sie ihr Jäckchen an. Die Tätowierungen musste der ja nicht gleich sehen. Das ist auch nicht zur Sprache gekommen. Der Chef hat sie auf Englisch angesprochen und sich mit mir unterhalten.

Nach ein paar Sätzen hat sie ihn auf Deutsch gefragt, ob sie rauchen darf.

Der hat auf Englisch geantwortet: ‚Yes, if you want, you may smoke', oder so ähnlich.

Sie hat ihm geantwortet: ‚Ist mir egal, ich rauche trotzdem'.

Das hat den nicht gestört. Nach wieder ein paar Sätzen auf Englisch hat sie ihn unterbrochen und gesagt: ‚Sie können sich ihr ganzes englisches Gerede sparen. Ich verstehe Sie sowieso nicht. Ich kann nur mein Schulenglisch'.

Das hat den aber auch nicht aus dem Gleichgewicht gebracht.

Dann hat sie gesagt: ‚Zu so einen Job habe ich sowieso keine Lust. Ich will jetzt gehen'.

Da hat der sie auf Deutsch angesprochen und gesagt: ‚Ich nehme Sie trotzdem'.

Sie hat ihn aber abblitzen lassen. Zu mir hat sie gesagt: ‚Der war nur ein Angeber und was der mir geboten hat, war weniger als ein Hungerlohn'.

All unsere Hoffnungen waren weggefegt".

Ich fragte nach: „Was macht sie nun?"

Die Mutter winkte ab, schaute abwesend zu den anderen Leuten, fand dann aber zu mir zurück und sagte: „Sie hilft ihm wieder. In seiner Spielbude. Sie können sie ja dort einmal besuchen. Aber machen sie sich auf einiges gefasst. Die erkennen Sie nicht wieder".

„Wenn ich sie besuchen sollte, ist der Mann gewalttätig?"

„Der? Nein, überhaupt nicht. Ich sagte doch wie nett und freundlich der ist. Immer entgegenkommend, höflich, viel zu freundlich. Sie macht da die Bedienung und läuft entsprechend herum. Ich meine entsprechend wenig bekleidet. Sie soll richtig eine Anmache abgeben. Alles für ihn, für sein Geschäft, um ihm zu helfen. Ich kann das nicht begreifen. Und nun will sie ihn auch noch heiraten. Dabei bin ich fest davon überzeugt, dass das ihre eigene Idee ist. Er macht natürlich mit. Klar. Warum sollte er nicht. Aber wenn er es sich nun plötzlich anders überlegen würde, na prost. Dann kann ich mir ausmalen, was passiert. Zurzeit wohnt sie irgendwie bei ihm, oder sie wohnen irgendwo zusammen.
Manchmal kommt sie spät abends zu uns und schläft sich zwei drei Nächte hintereinander aus. Tagsüber ist sie dann auch da. Wenn sie nicht gerade wieder einen Wutanfall kriegt, ist sie friedlich und außerordentlich bescheiden. Manchmal schläft sie auf dem Fußboden im Flur, nur, mit einer Decke halbwegs zugedeckt. Wie ein kleines Mädchen. Aber man darf sie ja nicht richtig zudecken. Das will sie nicht. Man darf ihr nichts Gutes tun, sie ja nicht bemuttern. Man darf höchstens ganz vorsichtig aus der Ferne fragen, ob sie etwas möchte. Dann bleibt sie natürlich und freundlich. Selbst wenn ich ihr Sachen zum Anziehen oder Gebügeltes anbiete, muss ich schon wieder auf der Hut sein. Ich frage mich manchmal, wer im Hause eigentlich wem etwas zu sagen hat. Aber was tut man nicht alles, um des lieben Friedens willen".
„Aber den lieben Frieden erreichen Sie ja nicht immer, oder?"
„Das ist wahr. Ich denke so oft darüber nach, was ich wohl falsch mache. Meinen Sie, ich könnte mir das erklären?"
Sie stand auf und half von neuem unter den Kollegen. Als sie zurückkam, sagte sie: „Ich mach' noch einmal ein paar Tage Urlaub, aber danach versuche ich Tanja zu erreichen, und sprech' mit ihr. Ich sag' ihr, dass Sie sich mit ihr 'mal unterhalten wollen. Ist das gut?"
Sie strahlte mich an, als wäre sie auf einen tollen Einfall gekommen. Ich musste damit zufrieden sein und hob mein Glas in ihre Richtung, um ihr zuzutrinken.

III.

Die nächsten Tage vergingen nicht, ohne dass ich mein Telefon im Büro belauerte. Sicher war sobald noch kein Anruf zu erwarten, aber ich erhoffte einen.
Vielleicht, so überlegte ich, hat der Zufall seine Hand im Spiel und ich werde schneller an das Mädchen herankommen, als es mir lieb ist.
Wenn ich nur irgendwie das Interesse des Mädchens an mir und an meinem Anliegen wecken könnte. Was hätte es Tanja aber schon

bedeuten können, sich von jemandem nach ihren Beweggründen für die Tätowierungen und damit nach ihrer Vergangenheit ausfragen zu lassen. Ich überlegte auch: ‚Eigentlich hat sie noch gar keine richtige Vergangenheit aufzuweisen. Was sie im besten Fall hat, sind Erfahrungen, wahrscheinlich mehr schlechte als rechte. Und wenn ich dem Mädchen gegenüber von Erfahrungen spräche, würde es mich sowieso missverstehen müssen. Es müsste doch sofort denken, dass ich es auf seine vergangenen Liebschaften hin aushorchen wollte, und was das unter Umständen heißen kann, ist ja wohl eindeutig. Sie würde natürlich denken müssen, dass ich sie für eine Nutte hielt. Tanja würde mir schon wegen dieser lausigen Frage nach ihrer Vergangenheit ins Gesicht springen.

Bis jetzt blieb alles Vermutung. Weder sie noch die Mutter meldete sich bei mir.

Kurz vor Weihnachten aber wurde ich zu einer weiteren kleinen Weihnachtsfeier eingeladen. Deswegen rief mich die Mutter an. Sie war zunächst recht förmlich: „Ob ich Sie einladen darf, ob Sie teilnehmen möchten?"

Natürlich wollte ich.

„Dann müssen Sie Geld mitbringen, weil wir jetzt schon die Getränke bestellen müssen. Wir beginnen nachmittags um drei Uhr. Aber Sie kommen ja immer später, weil Sie sicher wieder Termine haben".

„Das stimmt, aber, ich werde mich beeilen, dass ich nicht zu spät komme. Vielen Dank für die Einladung".

Ich hörte aus dem folgenden, weil sie so bestimmt und so schnell sprach, heraus, dass sie sich sehr zusammenriss, sich überwinden musste: „Sie sagten doch, dass ich mit meiner Tochter sprechen sollte. Das hab' ich getan. Sie hat 'mal wieder bei uns übernachtet. Aber ich habe gar nicht mehr gewusst, was Sie mir neulich eigentlich erzählt haben, und warum Sie sie überhaupt noch sprechen wollten. Jedenfalls hab' ich ihr gesagt, dass ich mich um Ihre Telefonnummer kümmern würde und dann können sie beide ja miteinander telefonieren. Die Telefonnummer können Sie mir auf der Weihnachtsfeier geben, ja?"

Ich war herrlich erleichtert, endlich kam etwas in Gang. Ich hätte die Frau durchs Telefon umarmen können.

„Das ist ja prima", sagte ich.

Dann bedankte ich mich noch einmal, auch für ihre Bemühungen und legte auf. Die Frau wusste anscheinend wirklich nicht mehr, über was alles ich von ihrer Tochter gerne Bescheid wissen wollte. Bis zur Weihnachtsfeier dauerte es wieder eine Ewigkeit. Drängen half da nichts. Ich musste mich bescheiden und abwarten. Meine Termine an dem Tag der Feier waren so eng, dass ich fast nicht mehr rechtzeitig eingetroffen wäre. Als ich endlich im Büro ankam, wusste ich nicht mehr, wo das ganze überhaupt stattfinden sollte. Der Gedanke an neue Nachrichten brachte mich zusätzlich durcheinander. Das Bürogebäude besteht nämlich aus einem Doppelbau. Will man dort jemanden besuchen, muss man als erstes erfragen, in welchem Haus derjenige oder diejenige sitzt, Haus H oder Haus E. So ist das. Draußen, an den Eingangstüren, steht davon nichts. Dort stehen nur die Hausnummern, Die Regelung H und E ist behördenintern. Niemand draußen weiß davon. Das Haus in dem ich arbeite, hat zehn Stockwerke, das andere hat sechzehn. Dazwischen liegt ein Verwaltungsgang. Der ist vielleicht zweihundert Meter lang.

Als ich in mein Büro zurückkam, musste ich als erstes im Telefonbuch den Nachnahmen der Mutter heraussuchen, dann die Hauskennzeichnung herausfinden, und schließlich die Zimmernummer. An den ersten Zahlen oder der ersten Zahl der Zimmernummer kann man dann das Stockwerk ablesen und dann hoffen, dass das dort auch stattfindet. Ich machte mich, so gerüstet, auf den Weg ins andere Haus. Es war, als ginge ich durch ein stillgelegtes Betriebsgebäude. Aus keinem der Zimmer waren Geräusche zu vernehmen. Für die normale Arbeit war es schon viel zu spät. Das war ein großer Vorteil. Leute, die zu einer Feier zusammengekommen waren, konnte man so, durch das Lachen und auch durch das viele Reden, ziemlich gut und schon von Weitem hören.

Als ich im dritten Stock des anderen Hauses angekommen war, vernahm ich nicht nur Stimmen im Flur, sondern an ihnen auch Ausgelassenheit und eine gewisse Ungehemmtheit. Hier musste ich richtig sein. Ich klopfte an, ging hinein und musste mich für einen Augenblick an die fast völlige Dunkelheit gewöhnen. Die Fenster schienen verklebt worden zu sein, damit kein Licht hineinfallen und niemand hineinschauen konnte.

Auf dem Tisch, um den neun Personen wie aus einem finsteren Gemälde saßen, standen zwei rote Kerzen. Sie flackerten bei meinem Hereinkommen bedenklich zur Seite, so dass einer der Männer sofort eine Hand schützend um die eine Kerzenflamme hielt und gleich rief: „Nicht so stürmisch!"

Ich schloss vorsichtig die Tür. Am Tisch war noch ein einziger Platz frei, direkt neben der Mutter. Ich hatte sie beim Hereinkommen nicht gleich erkennen können, weil eine Thermoskanne, die auf dem Tisch sehr dicht an der einen Kerze stand, einen gewaltigen Schatten auf sie warf. Der verdeckte ihren Körper völlig, fiel weit über sie hinaus gegen die Registratur in ihrem Rücken und brachte gleichzeitig zuckende Bewegungen in den Raum.

Dann schlug die Flamme der Kerze um, und der Schatten gab sie frei. Ich hatte den Eindruck, in eine Verschwörung geraten zu sein: „Darf ich mich setzen?"
Jemand antwortete sehr freundlich: „Immer zu".
Dieser Raum war für mich der Schrecken aller Räume. Es war ein typisches Behördenzimmer. Hier wurde die Ablage gemacht, hier erstarrte alles Leben zur Registratur. Es wurden in ihm nicht nur die Lebenden sondern auch die toten ‚Ehemaligen' verwaltet. Die mit dieser Arbeit Beschäftigten empfanden es als normal, auch die Akten der Verstorbenen zu führen. Die wurden dafür kaum ‚bewegt'. Für mich saßen die Verstorbenen aber als unsichtbare Beobachter auf jedem der schmalen Hängeordner. Sie schienen sich von dort mit den Lebenden auf den anderen Akten zu unterhalten.
Die Toten erklärten den Lebenden tausend unverständliche Sachen: „Außer eurer jetzigen Pension unterscheidet ihr euch in keiner Weise von uns. Ihr habt genau wie wir keinerlei Erwartungen mehr. Wir hängen einer wie der andere unbewegt in den Schränken. Euer Abwarten ist so aussichtslos wie das von uns Toten. Ihr werdet sehen, wie es ist, wenn ihr eines Tages die Seite wechseln müsst".
„Und ihr? Ihr wandert als nächstes von der Registratur in die Ablage, sobald eure Hinterbliebenen tot sind".
Die hüpfenden Schatten machten mir die Sichtbarkeit meiner Gedanken leicht. Sie gaben ihnen Gestalt und Form. Für Augenblicke schien es mir, als gehörten die Anwesenden mit zu der Geisterrunde.
Ich dachte, dass es falsch von mir gewesen sei, hierhergekommen zu sein. Der Raum zwang dazu, mich mit so unerfreulichen Gedanken zu befassen. Ich fühlte mich nicht wohl in dieser Runde, und musste trotzdem irgendwie ins Gespräch kommen. Ich hatte schrecklichen Durst und sagte es.
Fast dienstbereit stand sofort jemand auf und holte aus privaten Beständen ein abgekühltes Getränk. Ich spürte, wie die Frische des Saftes mir gut tat und es mir schnell besser ging. Es beschlich mich sogar eine gewisse Zufriedenheit. Ich hatte mein Ziel klar vor Augen. Sobald es die Gelegenheit erlaubte, würde ich versuchen mit der Frau neben mir ungestört zu reden.
In dieser Runde musste ich aber damit rechnen, dass jedes Wort von mir von allen auf jeden möglichen und unmöglichen Zusammenhang hin überprüft werden würde. Die Leute schienen einfach zu neugierig zu sein. Man würde sich sofort über Neues und Unbekanntes, das ich vielleicht sagte, den größten Spekulationen hingeben. Das lag daran, dass hier normalerweise wirklich nichts passierte. Bei diesen Menschen

würde es niemals eine Sensation in der Arbeit, niemals Grundberührung, mit Gefühlen geben können.

Ich musste also Vorsicht walten lassen.

Ich beschloss deshalb zu versuchen, in. einem lockeren Gespräch eine allgemeine Ablenkung zu erreichen und versuchte mein Glück.

Als ob aber meine Gedanken von allen vorausgeahnt worden waren, schienen sie geradezu auf meine Versuche zu warten. Bei meinem ersten Wort erstarb jedes weitere Gespräch.

Die Augen flogen herum, als ich nur fragte: „Ist der Kuchen selbstgebacken?" Das letzte Wort flüsterte ich nur noch, so sehr hatte ich mich über die Aufmerksamkeit erschrocken. Für mich stand fest, solch ein Kuchen konnte nur selbstgebacken sein. Kein Konditor würde es wagen, Topfkuchen anzubieten, in welchem die Rosinen sich nur im oberen Drittel des umgestürzten Kuchens befanden. Das waren eben Hausfrauenart und Hausfrauenmöglichkeit. Für mich war das Stopfkuchen, aber ich würde mich schön hüten, das zu sagen. Ich ließ mir ein Stück geben, aß davon und ließ einen großen Rest davon unangetastet. So brauchte ich mir danach nicht mehr neu zu nehmen. Jede aufmerksame Hausfrau würde das mit Trauer feststellen. Hier war das aber nicht so. Ich machte noch einen anderen Ansatz und erzählte vom Wetter draußen: „Es hat zu schneien begonnen und es regnet gleichzeitig. Es ist ganz schön glatt, feucht und unangenehm kalt. Meine Kleidung ist ganz nass geworden".

Ich erzählte anfangs mit eigener Anteilnahme, weil ich es gerade erlebt hatte. Meine Hosenbeine waren immer noch durchfeuchtet. Die Aufmerksamkeit der Zuhörer ging aber so über jedes Maß des normalen Zuhörens hinaus, dass mich das verunsicherte.

Ich stand schließlich als Fremder neben mir und hörte auf mein eigenes belangloses Gerede. Ich wollte herausfinden, was hier eigentlich los war.

Ich begann die Mutter aus den Augenwinkeln zu beobachten.

Sie saß locker, etwas nachlässig auf ihrem Stuhl und sah in die Runde. Sie betrachtete einzeln die Gesichter, eines nach dem anderen, mit einem leicht grinsenden, abwertenden, fast verächtlichen Ausdruck. Ich konnte mir den nicht erklären.

Die Feier zog sich so über etwa eine Stunde hin. Dann waren die Getränke, ein Punsch, den man warm trinken sollte, zu Ende oder kalt. Es musste Nachschub beschafft werden, Reste sollten aufgewärmt werden. Eine allgemeine Unruhe entstand und meine Nachbarin erhob sich. Sie verschwand hinter den Akten und mir völlig aus dem Blick. Die Dunkelheit verschluckte sie. Wie es hinten aussah, konnte ich nicht erkennen. Wenn ich ihr jetzt spontan gefolgt wäre, hätte es

Gesprächsstoff in der Runde gegeben. Deshalb blieb ich sitzen. Ich traute mich nicht aufzustehen.

Nun handelte aber die Frau nach ihrer Eingebung und machte sich hinter den Schränken, dort, wo sie herumhantierte, das Licht an. Jeder hätte, ohne aufzufallen, zu ihr gehen können.

Ich sagte halblaut in die Runde: „Mal sehen, ob ich helfen kann", stand auf und ging hinter die Regale.

Sie war dort mit Umfüllen beschäftigt und von mir nicht überrascht. Ich kam gleich zur Sache: „Wie steht's denn mit Ihrer Tochter? Ich habe meine Telefonnummer aufgeschrieben und Tanja einen Zettel in den Umschlag gelegt".

„Ja, gut. Ich werde ihr das geben, wenn sie 'mal wieder bei uns schlafen sollte. Das wird aber wahrscheinlich sehr lange dauern, wenn sie sich überhaupt bei uns wieder sehen lassen wird".

Sie machte eine bedeutungsvolle Pause. Von den anderen hörte ich kein Sterbenswort. Sie schienen mit den Riesenohren des Gerüchtes hinter den Schrankecken zu lauern. Die Frau hatte keine Bedenken. Sie sprach ganz normal, fast ein wenig zu laut. Wer von den anderen ein wirkliches Interesse an unserem Gespräch gehabt hätte, musste mühelos wenigstens alles, was die Frau sagte, mitbekommen können. Ich wartete, weil ich sah, dass sie mit dem Umfüllen beschäftigt war.

Schließlich war sie soweit: „Sie hat schon wieder Scheiß gebaut". Es war, als flöge mit ihrem Satz eine Faust auf meine Kinnspitze. Einmal in meinem Leben habe ich, aber das war in Wirklichkeit passiert, einen solchen Faustschlag erhalten. Im ersten Augenblick schmerzte er nicht. Ich empfand ihn damals sogar als eine wunderbare Erleichterung, sackte zusammen, und das Bewusstsein ging auf Reisen. Der letzte Gedankenfunke vor der Ohnmacht war gewesen: ‚Du bist hilflos. Du tauchst ein in ein Nichts. Wunderbare Kräfte heben dich an. Alles ist sanft und gut. Da siehst du es, Tun und Handeln haben keine Aussicht. Das hättest du schon viel früher begreifen können'. Damit war ich weggetreten.

Jetzt sah ich die Mutter entgeistert an. Ihr erging es beim Erzählen offenbar nicht viel besser als mir. Sie nahm mir trotzdem den Umschlag aus der Hand und sagte: „Sie hat einen Unfall gehabt".

„Oh Gott".

Ich hauchte das nur so hin. Sie sah mir voll ins Gesicht und sah meinen Schrecken: „Ja, es ist schlimm. Sie war kurz nacheinander ein zweites Mal zu uns gekommen. Dabei hat sie erzählt, dass sie einen Unfall gebaut hätte. Wir haben nicht einmal zu fragen gewagt, mit wessen Wagen sie gefahren ist. Dann habe ich aber einen Fehler begangen.

Als sie am nächsten Morgen aufgestanden war, nein, sie lag noch auf dem Fußboden unter ihrer Decke, und ich musste zur Arbeit, habe ich gefragt, ob sie die Polizei geholt hätte...

Na, das hätten Sie erleben sollen!

Ich habe es in meiner eigenen Wohnung keine Minute länger mehr ausgehalten. Ich wollte ja wissen, ob es Verletzte gegeben hatte, wessen Auto das gewesen war, wer mitgefahren war und so weiter. Na, Sie wissen ja, was man alles fragen möchte. Sie war nicht zu bändigen. Unser Hundi ist auch gleich geflohen.

Ich kann nicht sagen, wie lange ihr Anfall diesmal gedauert hat, aber wenn er vorüber ist, schnappt sie sich immer den Hund und heult in sein Fell. Ist das nicht rührend? Das ist doch süß, oder? Also, wenn ich nur daran denke, kann ich ihr schon nicht mehr böse sein".

‚Die Frau macht Gedankensprünge', schoss es mir durch den Kopf. ‚Anscheinend ist dem Mädchen aber nichts passiert. Gott sei Dank'. Mir lief ein richtiger Schauer über den Rücken. Ich stellte mir vor, wie das Mädchen Zuhause vor Zorn tobte und fünf Minuten später den Hund mit seinen Tränen einnässte. Wenn das nicht ein Aufschrei nach Liebe war.

„Nach ein paar Tagen hat ein Mann bei uns angerufen und nach Tanja gefragt. Ich konnte ihm nicht sagen, wo sie sich aufhält. Eine Telefonnummer hatte ich auch nicht, und am Telefon gebe ich sowieso keine Auskunft. Das wollte der Mann auch alles nicht.

‚Lassen Sie das Mädchen nur wissen, dass der Unfall beobachtet worden ist. Man hat ihre Fahrzeugnummer festgehalten. Sie ist persönlich als Fahrerin erkannt worden. Sie hat Unfallflucht begangen'.

Ob sich Tanja bei uns so bald wieder sehen lassen wird. Ganz schwer zu sagen. Ich gebe ihr dann den Brief von Ihnen. Man wird sie doch schon an der Personenbeschreibung wiedererkannt haben. Wie einfältig sie noch ist".

Die Mutter schüttelte den Kopf. Sie hätte vielleicht noch mehr erzählt, aber es waren zwei Gesichter neben uns erschienen, und es wurde gefragt, wie lange das denn noch dauern würde.

Es fiel sonst keine Bemerkung darüber, dass ich mit ihr hier hinten gestanden hatte. Es schien, als wäre es für alle selbstverständlich. So traf ich auch beim Zurückkommen auf wohlwollende, freundliche, verständnisvolle Gesichter, auf zustimmende Blicke.

Hinten wurde das Licht wieder ausgemacht.

Ich gab mich dieser eigenartigen Stimmung hin und machte keinen weiteren Versuch, mit ihr zu reden.

Ich trank noch ein wenig von dem Punsch und fühlte mich unvermutet in diese kleine Gemeinschaft einbezogen. Trotzdem wurde ich das Gefühl nicht los, in eine Verschwörung geraten zu sein. Jetzt allerdings mit dem Gefühl, selbst dazugehören zu müssen.

IV.

Tanjas Mutter hatte bereits ein drittes Mal versucht, mich zu erreichen. Ich erfuhr es durch Zufall, weil meine Zimmernachbarin aufmerksam gewesen war, und ich an deren Personenbeschreibung herausbekam, dass sie es gewesen sein musste. Ich war gleich aufgeregt und hätte am liebsten durchs Telefon gefragt, ob sie Neuigkeiten für mich hätte. Ich nahm mich aber zusammen und gab nur Bescheid, dass ich im Büro zu erreichen sei.

Es dauerte nicht lange, dann kam sie herüber.

Sie hatte anscheinend nur Dienstliches, was noch im alten Jahr erledigt werden sollte. Beim Hereinkommen machte sie ein geschäftsmäßiges Gesicht und hatte eine Akte unter dem Arm, dass mir alle Hoffnungen auf Nachrichten schwanden. Sie sprach mit einer übertriebenen Hektik von Dingen, die mich nicht sonderlich interessierten. Ich musste aber trotzdem gut zuhören, um sie später richtig ausführen zu können. Ob es nun an den augenblicklichen Umständen, an einem vielleicht zu kärglichen Frühstück oder an meiner nervlichen Überanstrengung lag, ich kann es nicht beurteilen, jedenfalls wurde mir von einer Sekunde zur anderen sehr übel. Ich musste mich am Tisch festhalten, um nicht vom Stuhl zu stürzen. Schweiß stand auf meiner Stirn und sicher sah sie, dass ich kreideweiß geworden war.

Von ihrer Tätigkeit im Altenheim her hatte sie es wohl gelernt, mit solchen Situationen fertig zu werden. Jedenfalls hatte sie im Handumdrehen meine Beine auf einen zweiten Stuhl gelegt und stützte mich im Rücken wohltuend ab. Zwischen ihrem Körper und meinem war die Stuhllehne, das spürte ich wohl. Trotzdem durchfloss mich eine warme Geborgenheit, als ich ihre Arme unter den meinen verspürte. Sie war sicher Ersthelferin, denn diesen Griff hatte ich selbst häufig genug geübt.

Es trat für mich eine Sekunde des tiefsten Friedens ein.

Ich wünschte mir, in einer höchst persönlichen Abartigkeit, jetzt ganz schnell zu sterben. Wünsche dieser Art gehen nicht in Erfüllung. Das weiß ich. In Erfüllung geht aber die Befriedigung, die man in solchen Augenblicken herbeisehnt. Schutzbedürftigkeit und Liebessehnsucht spielen dabei die größte Rolle.

Wenn ich wünschte, so sterben zu können, dann war das gleichzeitig die Sehnsucht, in einen weiblichen Schoß sinken zu dürfen, in nie erlebte kindliche Gefühle entfliehen zu können. Nie erlebt bei mir deshalb, weil das Verhältnis zwischen mir und meiner Mutter aus Berührungslosigkeit und Schlimmerem bestanden hatte.

Als Kind hatte ich nicht ein einziges Mal einen Kuss von ihr bekommen. Ich konnte mich an nicht eine einzige Umarmung von ihr erinnern. Meine Mutter trug zu allem Überfluss, und das wurde für mich zu einem schlimmen Teil unauslöschlicher Erinnerung, ihre heißgeliebte Wildlederjacke zum Ausgehen. Diese Jacke verursachte bei mir aber bei der kleinsten Berührung, ja schon bei dem Gedanken, aus Versehen an sie zu geraten und viel schlimmer noch, bei dem Gedanken an die Jacke selbst und damit an meine Mutter, die ich bald mit der Jacke verwechselte, eine Gänsehaut, ein schroffes Nichtanfassenmögen. Das wurde von meiner Mutter mit mir unverständlichem Gelächter beantwortet. Meine Mutter berührte mich niemals liebevoll. Meine Geschwister und ich wuchsen in innerlicher Verwahrlosung auf. Nur so kann man es mit der heutigen Einsicht eines Erwachsenen beschreiben.

Eine Befriedigung meiner körperlichen Sehnsucht nach Berührung erreichte ich nicht. Es entstand eine Gier nach Weichheit, Wärme, Anmut, ruhigen und beruhigenden Worten. Ich übte mich in dem vergeblichen Bemühen mit allen Menschen, die mir nahe standen, in enge körperliche Beziehung zu kommen. Es entstanden dabei schreckliche Missverständnisse und das Missverhältnis eines ungelenken Umganges mit körperlicher Nähe, der Liebkosung des Körpers eines anderen, eines geliebten Menschen, und der gleichzeitigen Übertriebenheit im Allesnehmenwollen, endlich Besitzenkönnen einer Zuwendung, und der bitteren Erfahrung, dass Liebe nur geschenkt werden kann. Immer wieder musste ich diese Grenze, das Abgewiesenwerden, erfahren.

Mit dem Verstand, dass sich Liebe nicht erzwingen lasse, erfuhr ich den Umgang mit ihr dennoch nicht anders, als dass ich sie mir zu erkämpfen hatte. Ich erlernte keinen anderen Umgang, als Liebe kaputt zu lieben, blutig zu lieben.

Unter diesem Widerspruch litt ich unsäglich. Die Einsicht für das Falsche meines Tuns reichte eben nicht aus. Ich vermochte auch nicht, aus dieser Schraube alleine herauszufinden. Mein Körper reagierte anders als ich es von ihm wünschte. Das wiederum führte zu zunächst hölzernem und dann zu viel zu starkem Liebestun im Zusammenleben mit meiner Frau. Das führte zu übertriebener Zärtlichkeit zu meinen Kindern. Das führte zu einem krankhaften Bedürfnis, etwas Unbestimmtes wieder gutmachen zu müssen, ohne zu wissen, was es denn sei oder wo dafür der Anfang war. Das führte zu persönlicher Erniedrigung, zu Selbstbestrafung durch unnötigen Verzicht auf schöne, süße Sachen.

Es führte zu quälerischer Eifersucht.

Meine Nächte entwickelten mit drangvollen Träumen ein Eigenleben.

Gerade vor den Nächten hatte ich Angst.

Ich traf mit meiner Frau, ohne ihr das Warum großartig zu erklären, die Vereinbarung, dass sie mich nachts, wenn ich im Schlaf um Hilfe schrie, was sie oft nur als unartikulierte Laute wahrnahm, wecken musste.

Sie musste mir so, wie ich sagte, ,das Leben retten'.

Ihre berechtigten und neugierigen Fragen: „Sag' mir wenigstens was oder wovon du geträumt hast", oder „wovor hast du bloß diese Angst", konnte und wollte ich nicht beantworten. Über die Gründe war ich mir ja auch nicht sicher. Sicher war nur meine dauernde Angst.

Erlebte ich nun dieses Aufgefangenwerden, wie im Büro durch Tanjas Mutter, dann wurde das Gefühl des Verlassenseins übermächtig. Es schlich sich einerseits der Wunsch ein, endlich zu leben und angenommen zu werden, wie ich es immer ersehnt hatte, und andererseits bauten sich die bitteren Erfahrungen, die Enttäuschungen und das eigene Unvermögen davor auf. Das Schöne dieses Erlebnisses war nicht zu bewahren und nicht in die Zukunft hinüber zu retten. Ein schöner Tod bietet sich so als das Erhabenste an, was es zu erlangen gilt. Die Verantwortung dafür lege ich außerdem in andere Hände und zwar, oh höchstes Glück, in die Hände einer Frau. Sie mache ich zu meiner Mörderin. So nehme ich gleichzeitig Rache und verteile Schuld.

Dieser genussvolle Augenblick der Geborgenheit ist gleichzeitig Strafe für lebenslangen Liebesvorenthalt, unter dem ich gelitten habe und vielleicht noch leide. Diese Strafe trifft mich selbst, sie ist süße Selbstquälerei, weil sie das Entbehrte spürbar macht.

Tanjas Mutter stand in meinem Rücken und sagte, ohne mich weiter nach meinem Befinden zu fragen: „Sie wollten doch so viel von Tanja wissen. Ich kann Ihnen ja einiges aus ihrer Vergangenheit, ich meine aus ihren Aufenthalten bei uns zu Hause, erzählen. Im Moment habe ich etwas Zeit".

Sie musste bemerkt haben, wie diese Sätze mich aufhorchen, ja beinahe gesunden ließen, wie mir die Farbe wieder ins Gesicht stieg.

Ich suchte nach Worten, um mich bei ihr für meinen Schwächeanfall zu entschuldigen. Das schien sie aber überhaupt nicht zu interessieren. Sie setzte sich auf den Stuhl, von dem ich inzwischen meine Beine wieder herunter genommen hatte und rückte ihn eng, sehr eng an mich heran, so dass ihr Kopf weit vorgestreckt, etwa eine Handbreit, von dem meinen entfernt war. Sie holte aus einer Akte, die sie bei sich hatte, ein Foto heraus. Ich war völlig überrascht, dass sie sich ganz offenbar auf ein Gespräch mit mir vorbereitet hatte. Also kam doch noch etwas. Mich erfüllte tiefe Dankbarkeit. Es fehlte nicht viel, und ich hätte ihr die Hand geküsst. Das ist so eine Angewohnheit von mir, mit der ich meine Frau das eine oder andere Mal, zum Beispiel während einer langweiligen Autofahrt, ohne vorherige Ankündigung überrasche. Die lässt es sich dann wortlos gefallen. Ihr gestehe ich dann immer noch zusätzlich: ‚Du bist meine wahre Königin'.

Soweit durfte und wollte ich bei Tanjas Mutter natürlich nicht gehen, aber das Bedürfnis dazu war da. Es war meine Dankbarkeit, der ich keinen Ausdruck zu verleihen wusste.

Als sie das Bild aus der Akte zog, lag ihr Gesicht. schon fast an meiner Wange. Sie wollte gleichzeitig mit mir darauf schauen. Ihre körperliche Wärme strahlte zu mir herüber. Mein Verstand aber sagte: ‚Bleib ganz ruhig. Wärme ist etwas völlig Unpersönliches, mein Lieber'.

Ich konnte wunderbar auf und über ihren Rücken schauen und fand dort eine sanfte, ich nenne es immer gotische Linie der Bewegung. Vom Halswirbel verlief sie zwischen den Schulterblättern über den Rücken in die Hüfte und tiefer bis in den Sitz. Schon die Tatsache, dass diese Schwingung nur bei einem weiblichen Körper so möglich ist, versetzte mich in Hochstimmung. Hinzu kam, dass ich der einzige Zuschauer eines Minibruchteile-von-Sekundenballettes war und es zu genießen wusste.

Ich war glücklich.

Niemandem wird man solche Augenblicke in der Kürze der Zeit, in welcher sie entstehen und in der man sie erlebt, erklären können. Immer wieder werden auch andere diese Sekunden höchster Empfindsamkeit erleben und als ein Geschenk, fast als ein Geheimnis empfangen. Als ein Geheimnis auch deswegen, weil die Schönheit des Erlebten durch keine noch so gute Schilderung erreicht werden kann.

Ich zwang mich, auf das Foto zu schauen. Ich konnte nichts erkennen. Natürlich hatte ich Tanja erwartet. Was ich aber sah, war ein kleiner Hund, der aus einer Wohnstube zu laufen schien. Er befand sich gerade zwischen der halb offenen Tür. In dem Zimmer selbst sah ich eine braune Wolldecke, die auf dem Fußboden offenbar über etwas hochstehendes, vielleicht einen umgekippten Stuhl, gezogen war.

Ich war enttäuscht.

Ich schaute die Mutter an.

Sie lächelte mütterlich: „Das ist Tanja, wie sie leibt und lebt".

Sie überließ mir das Foto und lehnte sich selbstsicher und ein wenig genüsslich zurück: „Das Bild hab' ich gemacht, als Tanja guter Laune war. Sie müssen genau hinsehen. Sie ist unter der Decke. Sie spielt mit ihrem Hund. Hundi heißt er bei ihr. Den richtigen Namen benutzt sie nicht. Ich weiß nicht, wie sie darauf kommt, aber sie sagt, solange man nicht weiß, wie der Hund richtig heißt, und sie meint unter Hunden richtig heißt, nennt sie ihn Hundi. Hunde, sagt sie, haben wie alle Tiere eine Seele. Eine reinere Seele als die Menschen.

‚Sie fragen nicht nach Zwecken', sagt sie.

Die Mutter machte eine kleine Pause.

Dann: „Als Tanja einmal mit dem Hund spielte, das erzähl ich Ihnen aber nur, damit sich Ihr Bild von dem Mädchen abrundet, sagte sie, und ich weiß auch nicht, wie sie darauf kam. ‚Die Tiere wollen außerdem nicht immer gleich ficken. Alle Männer wollen das. Ich will das auch. Aber Tiere wollen das nicht immerzu. Das unterscheidet sie doch von uns. Das macht sie reiner'.

Was soll ich als Mutter dazu sagen".

Sie fuhr dann weiter fort: „Tanja hat lange mit dem Hund gespielt. Sie sagte: ‚Hunde haben den Umgang mit dem Menschen gern. Sie sind auch seelisch mit den Menschen verwandt worden'.

Stellen Sie sich das vor: die Hunde sind nicht mit dem Menschen verwandt, sondern ‚sie sind seelisch mit den Menschen verwandt worden'. Verstehen Sie das?

Sie zieht sich zum Spielen mit dem Hund eine braune Decke über den ganzen Körper und will nur ihrem Hundi näherkommen.

Sie sagt: ‚So seh' ich ihm ähnlicher und er erkennt dann besser meine Absicht'.

Sie spielt mit dem Hund auf dem Fußboden. Er läuft vor ihr davon. Das sieht man gerade auf dem Bild. Sie schließt dann die Tür von innen, aber nicht ganz, und wartet bis der Hund sie vermisst und wieder herein will.

Sie bellt unter der Decke und ruft ihn: ‚Hundi, Hundi, such mich. Hundi, komm' zu mir'.

Wenn sie ihn erwischt, nimmt sie ihn mit unter die Decke und kuschelt mit ihm und knuddelt ihn.

Sie ruft dann immerzu. ‚Du bist so süß, du bist so süß, du bist mein Knuddelhundi'.

Sie krabbelt auf allen Vieren hinter ihm her, wenn er vor ihr Reißaus nimmt. Manchmal hält sie ihn auch unter der Decke fest. Dann ist alles still und ich höre nur, wie sie mit ihm flüstert. Sie erzählt ihm Sachen, die niemand sonst hören soll.

Wenn wir hinzukommen, bleibt sie völlig ungestört. Manchmal habe ich Angst, weil sie mit ihren zweiundzwanzig Jahren doch zu alt für solche Spiele ist. Ich werde mich aber hüten, etwas davon zu ihr zu sagen. Vielleicht holt sie ja etwas aus ihrer Kindheit nach. Wer kann das wissen. Dabei ist ihre Schwester genau wie sie erzogen worden. Bei der läuft aber alles ganz normal. Die würde nie auf solche Einfälle kommen. Die nennt den Hund beim Namen, und wenn sie mit ihm spielen will, dann nimmt sie ihn an die Leine und geht mit ihm aus.

Tanja hat das noch nie getan.

Sie sagt: ‚Das könnte ich nicht, das will ich nicht und das mach' ich nicht'.

So, nun wissen Sie etwas mehr über meine Tochter.

Ich muss jetzt wieder 'rüber. Das Bild können Sie behalten, wenn sie wollen. Ich lass mich zwischendurch mal wieder sehen, denn es wird sicher lange dauern, bis sich Tanja bei mir melden wird. Vielleicht fällt mir ja noch 'was ein. Dann melde ich mich. Es gibt noch viele solche Begebenheiten mit ihr, aber im Augenblick sollte ich wirklich wieder 'rübergehen".

Die Redefreudigkeit der Frau war mein Glück. Natürlich bedankte ich mich für das Gespräch.

Das Bild wollte ich auch behalten: „Ich geb' es Ihnen später wieder".

Wenn ich ganz genau auf das Bild schaute, konnte ich tatsächlich einen Rücken unter der braunen Wolldecke vermuten. Zu Hause habe ich das Bild mit einer großen Lupe millimeterweise abgesucht und dabei ein Stück von Tanjas Handgelenk erkannt.

Wenn mich nicht wirklich alles, alles täuschte, war es das linke Handgelenk, und ich konnte den Schriftzug ‚Tanja' entziffern. Ich vergrößerte noch weiter mit einer kleinen Lupe, die auf die große geklebt war. Zum Schluss war ich ganz sicher: auf ihr linkes äußeres Handgelenk war das Wort ‚Tanja' tätowiert.

V.

In den letzten Tagen zwischen Weihnachten und Neujahr lief in der Behörde alles auf Sparflamme. Wenn ich in den Gängen herumirrte, weil es mir immer noch schwerfiel, mich dort zurechtzufinden, dachte ich manchmal, in einem riesigen Schloss, einem verwunschenen hässlichen Gemäuer zu sein.

Vor den Eingangstüren allerdings war eine große Einkaufspassage, die mit einer Länge von etwa fünfhundert Metern in zwei Etagen, das Leben von der modischen, der verschwenderischen und der verarmten Seite, gerade zu dieser Jahreszeit besonders reichlich, zeigte. Hier gab es Leben.

Schlagartig aber, hinter den doppelten Türen, erstarb alles, jede Geschäftigkeit, jedes Geräusch, jedes aufgeregte oder lässige Tun. All das, was eine Einkaufsstraße, mit den vielen Möglichkeiten, stehen zu bleiben, zu schauen oder vorbeizueilen, ausmacht, nämlich einfach Lebendigkeit zu empfinden, blieb draußen.

Ich traf in diesen Tagen auf wenige Kollegen. Genaugenommen konnte ich nur zwei erreichen. Umso mehr überraschte es mich, als Tanjas Mutter bei mir anrief.

Diesmal sagte sie gleich: „Tanja hat sich über Weihnachten bei uns sehen lassen. Ich habe wieder ein Foto gemacht. Wenn Sie daran interessiert sind.."

Natürlich war ich das.

Sie nahm mein Angebot, zu ihr ins Büro zu kommen, nicht an, sondern bestand darauf, zu mir kommen zu können. Wenn ich an ihre Registratur dachte, dann schien es mehr als verständlich, dass sie jede Gelegenheit nutzte, um dem dunklen, freudlosen Raum mit den ewig am gleichen Platz hängenden Akten zu entfliehen. Sie ließ auch gleich durchblicken, dass sie alleine im Büro wäre und heute sowieso nichts los sei: „Heute will bestimmt keiner Akten aus der Registratur", sagte sie, „und wenn, dann kann er sich unter Ihrer Telefonnummer melden. Ich hänge einen Zettel an die Tür und komm' dann rüber".

Das war mir sehr recht. Kurze Zeit später traf sie ein und begann gleich zu erzählen. Sie schien mir bedrückt zu sein, sich Sorgen zu machen, aber nicht in der Art, wie man sich Sorgen um die Zukunft seines Kindes macht. Es ging also sicher nicht um die Hochzeit von Tanja mit dem Österreicher, sondern es schien um etwas zu gehen, was man schon mit Angst beschreiben musste. Das war auch der Grund, warum ich, ein wenig fürsorglich, sie zunächst fragte, ob sie einen Kaffee haben wollte. Sie sagte: „Ja, bitte".

Das brachte mich wiederum in Verlegenheit, weil ich gar keine eigene Kaffeemaschine hatte sondern nun gezwungen war, die Maschine meiner abwesenden Kollegin zu benutzen. Alles, was ich brauchte, musste ich mir erst zusammensuchen. Das dauerte seine Zeit, die sie aber mit Erzählen nutzte.

„Tanja", fing sie an, „hat sich bei uns am zweiten Feiertag sehen lassen. Wir hatten nicht damit gerechnet. Ich hatte aber vorsorglich ein Geschenk für sie besorgt. Recht machen kann man ihr schon gar nichts, deswegen ist es gleich, was man kauft. Ich hatte aber das Gefühl, dass ich ihr einmal etwas besonders Schönes schenken sollte. Leider hatte ich nicht gleich den richtigen Einfall.

Ich habe also überall herum gesucht und fand ganz zum Schluss, in einem Lederwarengeschäft, eine wunderbare Tasche. Sie hatte viele Fächer, Reißverschlüsse, einen langen und zwei kurze Trageriemen und hatte als Besonderheit ein Schloss mit Schlüssel, so dass man mit diesem Schloss die ganze Tasche verriegeln konnte. Die Tasche sah jugendlich aus. So eine Tasche hatte bestimmt in der ganzen Stadt keine einzige. Dass sie aus Leder war, würde Tanja hinnehmen, weil sie eigentlich nur an diesen Dingen das Modische verlacht. Wenn man ihr also etwa Schönes und zugleich Praktisches schenkt, welches auch noch eine ganz persönliche Note hat, dann kann man bei ihr Glück haben. Der Verkäuferin habe ich erzählt, dass es ein Geschenk für ein junges Mädchen sei. Das hat die so geschäftig werden lassen, dass sie sich eine extra Verpackung dafür ausdenken wollte".

Ich hatte inzwischen den Kaffee aufgesetzt, und hörte am Glucksen in der Maschine, dass das Wasser nun wohl durch den Filter gelaufen sein musste. Ich füllte den Kaffee in einen doppelten Pappbecher, bot Tanjas Mutter Zucker und Milch an, was sie beides ablehnte, und nahm mir selbst. Ich stand dann noch einmal von meinem Stuhl auf, um die Maschine abzuschalten. Es waren immer noch Kochgeräusche zu hören. Die verstummten nur langsam.

Tanjas Mutter stellte ihren Kaffee auf den Tisch und trank nicht davon. Ich sagte nichts dazu. Vielleicht war er ihr ja noch zu heiß.

Sie fuhr dann fort: „Die Verkäuferin war ein ältere Dame, die mir alle Möglichkeiten einer Verpackung zeigte. Ich merkte sofort, mit wie viel Lust und Begeisterung die das machen wollte.

Erst einmal schlug sie die Tasche in ein wunderschönes, gar nicht weihnachtliches, aber sehr milde schimmerndes, dunkelbraunes Papier. Sie zeigte mir dann eine Vielzahl von Rollen mit Bändern. Jedes davon war etwa fünf Zentimeter breit. Es war reine, feste Seide. Als Verpackungsmaterial war es geradezu verschwenderisch, es war richtiger Luxus.

Dazu gehörten noch etwa halb so breite andersfarbige Bänder, wiederum auf etlichen Rollen, auch aus Seide.

Sie empfahl mir nun eine Farbe von einer großen Rolle und passend dazu einer von einer kleinen.

Ich sollte auswählen.

Ich dachte mir, dass die Frau voller Einfälle steckte und überließ ihr die Zusammenstellung. Das hat sie sehr gefreut. Eine Kollegin von ihr, vielleicht war es auch die Chefin, holte noch einen anderen Kollegen hinzu, um sich das entstehende Meisterwerk mit anzuschauen. Ausgewählt hatte sie breites schwarzes Band und schmales goldenes. Das band sie nun so geschickt nur über zwei Ecken dieses eigentlich recht großen Paketes, dass daraus ein noch größeres, ja ein wirklich großzügiges Geschenk wurde. Auf der Vorderseite entstand eine wunderschöne große Schleife mit mehreren Schlaufen, in welche sie den schmaleren Goldstreifen einbezog. Die Verpackung alleine war schon ein Geschenk und sehenswert.

Darüber freute ich mich.

Ich sah es auch gerne, dass sie nicht diese kitschigen Weihnachtsfarben ausgewählt hatte. Ich hätte niemals die Einfälle dazu gehabt und auch nicht die Geschicklichkeit dieser Frau. Über das ganze zog sie eine sehr weite Tüte und, nachdem ich das Kunstwerk samt Inhalt bezahlt hatte, drückte sie mir alles in die Hand und ich zog davon. Mein Geschenk für Tanja hatte ich ja nun. Ich war gewappnet. Tanja selbst schenkt auch manchmal etwas. Aber ich könnte mich, wenn Sie mich jetzt danach fragen würden, an wirklich kein einziges Geschenk von ihr erinnern. Das ist doch eigenartig, finden Sie nicht?"

Sie trank nun von dem Kaffee, ich tat das gleiche. Irgendwie, fand ich, zog sich ihre Erzählung in die Länge. Das mochte sie meinem Gesicht abgelesen haben, denn sie sagte: „Das Schlimme kam, ohne dass Tanja selbst es merkte. Am zweiten Weihnachtstag, das sagte ich ja, tauchte sie plötzlich bei uns auf. Sie war fröhlich, ausgelassen wie nie, begrüßte ihren Hundi und hatte für jeden von uns eine Kleinigkeit. Sehen Sie, nun erinnere ich mich an diese Geschenke wenigstens. Sie brachte mir eine Porzellanbrosche mit, die sie wohl auf einem Weihnachtsmarkt gekauft hatte. Ihre Schwester bekam eine Holzschachtel. Darauf stand: ‚Mein erster Zahn‘.

Ihrem Vater schenkte sie ein Männermagazin mit einem riesigen aufklappbaren nackten Mädchen drin und dann hatte sie noch einen Hundekuchen für ihren Hundi. Sie schien mit dem ganzen Körper zu strahlen. Jede ihrer Bewegungen war wunderbar anzusehen. Sie machte uns froh und glücklich, einfach durch ihre Gegenwart. Wir wollten sie möglichst lange an uns binden, ich jedenfalls, und deswegen zögerte ich mein Geschenk für sie hinaus. Nach dem Abendbrot holte ich aber dann doch die große Tüte und zog das wunderbar verpackte Paket daraus hervor.

Ich sagte: ‚Du, Tanja, das ist für dich, von deinen Eltern‘.

Sie schaute sich einen Augenblick lang das Paket an, drehte es nach allen Seiten hin und her und sagte: ‚Das find' ich toll!' Dann nahm sie die schwarze Schleife von dem Paket ab und hängte sich die als Schärpe über die Schulter und quer über den Oberkörper. Vorne hingen die goldenen Fäden aus der großen Schleife heraus".

Tanjas Mutter holte nun ein Foto und gab es mir.

Tatsächlich stand das Mädchen in Fotografierpose mit der Schärpe, wie eine frisch gekürte Königin, und ließ sich aufnehmen. Noch bevor ich aber diese Einzelheiten auf dem Bild wahrnahm, lief mir beim ersten Anblick des Mädchens ein Gefühl über den Rücken, als stünde ich ohne ausreichende Kleidung an einem Wintertag auf der Straße.

Ich hatte von Tanja den Eindruck, als trüge sie eine Trauerschärpe, als wäre sie zu Gast auf einer feierlichen Beerdigung.

Etwas Ähnliches hatte ich kürzlich bei einer kirchlichen Trauung erlebt. Dort hatte man den freien Weg vom Eingang zum Altar mit kleinen Blumensträußen an den höchsten Stellen der Sitzbänke geschmückt. Das mochte noch angehen. Dann waren aber links und rechts neben dem Altar fast die gleichen Kerzenständer und hochstehenden Blumengebinde aufgebaut gewesen, wie ich sie von einer Friedhofskapelle her kannte. Es hatte ausgesehen, als wären sie direkt von dort entliehen worden.

Die Gäste waren geschockt gewesen und in entsetztes Schweigen verfallen. Jeder, sah den anderen betreten an, verständigte sich so wortlos über das zu Sehende. Nur die Brautleute und die Brautmutter waren ganz offenbar unbeeindruckt.

Jetzt, mit Tanjas Foto in der Hand, sagte ich: „Ja, das ist sie. Aber sie hat ihr Jäckchen an. Ich sehe nichts von ihren Tätowierungen. Wirklich, von ihren Tätowierungen ist überhaupt nichts zu sehen!"

Sie nahm mir das Bild wieder aus der Hand, schaute darauf und bemerkte: „Das stimmt. Darauf habe ich überhaupt nicht geachtet. Aber sonst, fällt ihnen sonst nichts auf?"

Sie gab mir das Bild mit großen Augen zurück. Ich traute mich nicht, meine Empfindungen zu sagen.

Sie sprach weiter: „Sehen Sie nicht, wie sie sich in Trauer hüllt? Die Schärpe wird an ihr doch zum Trauerflor. So schmückt man Bilder von Verstorbenen, so ein Band trägt man im Trauerfall am Jackettkragen oder zieht ihn sich durch ein Knopfloch. Ich weiß gar nicht, wie ich es beschreiben soll. Es ist doch entsetzlich. Als ich das Foto machte, habe ich das entdeckt. Ich habe sofort versucht, ihr die Schärpe wieder abzumachen.

Sie hat nur gelacht: ‚Endlich kann ich auch `mal eine Schärpe tragen. Ich bin eine Königin. Für heute Abend bin ich gekrönt. Die darf mir keiner wegnehmen'. Ich traute mich auch nicht, ihr die Bedeutung einer schwarzen Schärpe und meine Angst zu erklären.

Sie sagte: ‚Das Paket will ich gar nicht mehr haben. Mit der Schärpe habt ihr mir eine solche Freude gemacht. Das könnt Ihr Euch gar nicht vorstellen'.

Sie tanzte mit ihrer Schärpe herum, und ich sah, buchstäblich, wie der Tod hinter ihr stand und seine Hand nach ihr ausstreckte. Ich konnte kaum noch etwas sagen. Den ganzen Abend lag ich auf der Lauer. Wenn sie die Schärpe nur einen Augenblick abgelegt hätte, hätte ich sie sofort beiseite genommen und versteckt.

Sie behielt sie aber um und sagte noch: ‚Die werde ich den ganzen Abend umbehalten‘.

Sie ist nicht geblieben, sondern hat uns spät in der Nacht wieder verlassen und zu meinem größten Entsetzen mit der Schärpe. Sie hat sie einfach an sich behalten und mitgenommen. So glücklich war sie noch nie. Noch von der Straße hat sie zurückgerufen: ‚Ich bin eine Königin, eine Königin mit einer Schärpe‘. Und sie war wirklich eine Königin an dem Abend.

Ich habe mir aber die Hände vors Gesicht gehalten, weil ich doch Schuld war an dem ganzen.

Ich leide so schrecklich darunter. Meinem Mann konnte ich nichts davon sagen. Das brachte ich einfach nicht fertig. Der hätte mich nur ausgelacht.

‚Das kommt alles von deinem dummen Aberglauben‘, hätte der gesagt. Und er hätte recht. Ja, ich bin abergläubisch. Aber, wer ist das nicht? Ist doch jeder, oder? Sind sie nicht abergläubisch?"

Mein Gott, wenn sie wüsste... Ich lebe in tiefster Religiosität und suche dauernd das Gespräch mit meinem Gott. Dabei halte ich es wie die Könige aus dem Alten Testament. Die hatten auch jemanden, der ihnen Gottes Willen verkündigte. Deshalb denke ich, dass Gott mit mir spricht und dass ich nur auf die Augenblicke achten muss, wenn es dazu kommt.

Das kann das Horoskop der Tageszeitung sein, das kann die Bemerkung eines Außenstehenden, den ich kenne oder den ich nicht kenne, sein. Es kann wie hier, dieses Foto sein. Dadurch spricht mein Gott zu mir. Ich weiß nur nicht, ob ich ihn immer richtig verstehe.

Ich wollte nicht wahrhaben, darin ein böses Vorzeichen für das Mädchen zu sehen.

Zu Tanjas Mutter sagte ich deswegen: „Sicher ist jeder Mensch irgendwie abergläubisch. Es ist sehr gut, dass Sie Tanja nichts von ihren Gesichtern erzählt haben. Es könnte ja auch etwas Gutes bedeuten. Vielleicht soll sie irgendwie eine Königin werden. Wer weiß das, wer kann das sagen. Wahrscheinlich sind Sie wegen der dauernden Sorge um Tanja überreizt. Ich finde es auch gut, dass Sie sonst niemandem davon erzählt haben".

Es war sehr schwer, die Frau zu beruhigen. Ich selbst hatte ein ungutes, ein beklemmendes Gefühl in der Magengegend. Ich konnte mir vorstellen, wie die Frau gelitten hatte, wie sie versucht hatte, mehrfach vielleicht, unter einem Vorwand dem Mädchen die Schärpe zu entwenden: ‚Kind dir wird doch viel zu warm darunter‘, oder ‚nun kannst du sie doch wohl wieder abnehmen, oder?' Ich ahnte, wie sie sich angstvoll bemüht haben musste, die schwarze Schlange vom Hals ihrer Tochter fortzubekommen.

Als ich fragte, ob ich dieses Foto auch behalten dürfte, schob sie ihre aufgerichteten flachen Hände so heftig in meine Richtung, als wollte sie mit dieser Geste auch das ganze Entsetzen, dass auf ihr lastete, mir mit in den Schoß schütten: „Behalten Sie es, behalten Sie es. Behalten Sie auch alles was ich Ihnen erzählt habe für sich, und machen Sie mit dem Bild, was Sie wollen".

Sie stand dann auf, ging zur Tür und blieb dort stehen. „Ach, sonst habe ich Tanja nichts von Ihnen sagen können".

„Ich verstehe. Das hätte auch wirklich nicht gepasst. Aber vielen Dank, dass Sie daran gedacht haben. Vielleicht erinnern Sie sich ja noch an etwas Harmloses. Ich meine, was Tanja betrifft".

„Ja, ja, ich denke nach. Irgendetwas Positives vielleicht".

„Sicher ist Ihr unangenehmes Gefühl bald wieder vorüber".

Sie ging aus der Tür.

Gleich darauf erschien sie wieder und fragte: „Sind Sie denn morgen auch noch im Büro? Wenn es Ihnen recht ist, besuche ich Sie noch 'mal. Den Kaffee mach' ich dann aber, und Kuchen für uns beide bring' ich auch mit".

Ich fand das in Ordnung und ließ sie es wissen.

Nicht ganz in Ordnung fand ich, dass sie mit meinen Kaffeekochkünsten und mit meiner kümmerlichen Gastfreundschaft offenbar so wenig zufrieden war. Aus Kuchen mach' ich mir wenig. Ich hätte auch nicht daran gedacht, ihr welchen anzubieten.

In ihrer Stimme lag zwar keinerlei Vorwurf, sie wollte es aber anders machen. Das sollte mir ebenfalls recht sein. Hauptsache, ich würde mehr über Tanja erfahren können.

Sie verließ nun endgültig das Zimmer.

Ich sah noch lange auf das Foto, das wie ein fremder Gegenstand auf meinem Tisch lag und hatte mehr und mehr den Eindruck, vor dem Bild einer Toten zu sitzen. Es schien, als wäre mir das Foto zur Erinnerung an sie geschenkt worden.

VI.

Am vorletzten Tag des alten Jahres kam Tanjas Mutter morgens gegen zehn Uhr zu mir herüber. Sie hatte die Hände voll mit einer Tüte, einem Papierpaket, zwei Tellern, zwei Tassen und zwei Untertassen. Sie hatte auch Teelöffel dabei und fächerte ihre Schätze, nach einem kurzen „Guten Morgen", hausfraulich vor uns auf.

Das sah ich gerne.

Sie fragte: „Sie mögen doch Kuchen?"

Ich antwortete brav: „Ja".

Das klang sicher nicht sehr überzeugend.

Ich glaube, dass sie einfach wusste, dass ich mir nichts daraus machte, denn sie sagte, ohne meine Antwort richtig abzuwarten: „Ich hab' nun 'mal welchen mitgebracht. Sie sollten daran riechen".

Damit hielt sie mir die geöffnete Tüte unter die Nase. Es roch köstlich, verlockend, nach Bäcker, nach einer Straße auf der man unvermutet die Gerüche einer Backstube wahrnimmt. Aus ihr roch es nach Küche, in der gebacken wird, und es roch nach Zutaten, die so schnell nicht zu erraten waren.

Das Geräusch der knisternden Tüte weckte Erinnerungen an Tage aus meiner Jugend, die ich nicht genau zuordnen konnte, an Überraschungen, an Sätze wie: „Warte, du bekommst gleich etwas ab..." und andere Versprechungen aus dem Mund einer Frau, die mit ihrer Hand schon in der Tüte war, die dann selbst kurz abbiss und die Köstlichkeit herüberreichte.

Woher kam meine Ablehnung dieses Gebäckes, wenn ich so viel Angenehmes mit ihm verbinden konnte. War es der Trotz, die Auflehnung gegen eine mir feindliche Welt, immer noch Selbstbestrafung?

Konnte ich es immer noch nicht vertragen, aus der Hand, die mich nicht lieb haben konnte, schöne Dinge annehmen zu müssen; wenn ich mich noch bei dem Gedanken, aus der Hand, von der ich gestreichelt werden wollte, von der ich Angenommenwerden ersehnte, mit Essen abgespeist zu werden?

Mein Gott, würde das denn nie aufhören? Und, was konnte diese Frau dafür. Die Gerüche und alles fächerten noch einmal gedankenschnell süße Augenblicke aus längst vorübergezogenen, jugendlichen Tagen auf. Sie erinnerten mich an die vielen, vielen Gelegenheiten deutlicher Zuneigung anderer, die ich ungenutzt vorüberstreichen ließ, in denen ich mich denen, die es gut mit mir meinten, einfach verweigerte. Zum Beispiel, wenn jemand einmal freundlich, mit der Absicht, mich zu berühren, auf mich zukam. Was machte ich für einen Aufstand, bei einem harmlosen Wangenkuss, den ich bekommen sollte. Und wie stellte ich mich erst an, wenn dieser jemand auch noch ein Mann war. Dagegen war die Geschichte mit dem Kuchen geradezu harmlos. Wollte mich jemand freundschaftlich umarmen, dann erstarrte ich zu einem steifen Brett.

Nein, nein, mein Lieber, das ist nicht die Schuld des Kuchens, nicht die Schuld eines Wangenkusses, nicht die Schuld der Männer und nicht die

Schuld einer Umarmung. Das alles sind innere Verwahrlosung und die Unfähigkeit, der etwas entgegenzusetzen.

Es ist höchstpersönliches Versagen, damit nicht umgehen zu können, nicht einmal den Versuch gemacht zu haben, den Umgang damit zu erlernen.

So etwas, wie hier, passiert immer wieder. Und wer musste das ausbaden? Natürlich ein Unbeteiligter. Jemand also, der mit meinen Problemen überhaupt nichts zu tun hatte.

Tanjas Mutter legte jedem von uns ein Stück Kuchen auf den Teller. Sie nahm noch kleine Papierdeckchen, die sie unter die Teller schob. Es wurde immer gemütlicher. Der Kaffee duftete. Heute nahm ich den Duft wahr, gestern war es mir überhaupt nicht aufgefallen. Ich achtete sogar auf die Geräusche beim Einfüllen. Es gab Milch für mich dazu.

Tanjas Mutter fragte noch in Stehen: „Habe ich Ihnen erzählt wie Tanja und ich kürzlich am Flughafen waren, und dort meinen Mann abholen mussten?"

„Nein, ich glaube jedenfalls nicht".

„Na also. Tanja trudelte so mir nichts dir nichts bei uns ein, und ich war im Aufbruch. Ich musste ja zum Flugplatz, meinen Mann abholen. Sie sagte sofort: ‚Da komm' ich mit'.

Gut, das war mir recht. Zum Flughafen ist es nicht weit. Wir waren viel zu früh da. Das ist meistens so.

Wir haben uns etwas zu trinken geholt und mit den Bechern in der Hand in den Warteraum gesetzt. Dort waren wir nicht die einzigen. Aber es war auch nicht zu voll. In unserem Rücken befanden sich Telefonzellen. Diese halben Kästen, bei denen die eigenen Beine im Freien stehen.

Ich habe mir sagen lassen, dass man das mit Absicht so eingerichtet hat, weil sich so ein gewisser Sex-Appeal aufbauen lässt. Glauben Sie das? Durch das Betrachten der Beine von Frauen, die dort telefonieren, sollen diese eine enorme Anziehungskraft erreichen. Auch Männer, die dort stehen, können so hemmungslos gemustert werden. Eine derartige Telefonzelle wird ganz bewusst als Ausstellungsort für Menschen verwendet. Ich finde diese Überlegungen überraschend".

„Da kann 'was Wahres dran sein".

„Wie dem auch sei. Nach einiger Zeit haben wir bemerkt, dass eines der Telefone immerzu klingelte.

Tanja stand auf, sah dort hin und sagte: ‚Geht denn keiner ran?'

Ich zu ihr: ‚Tanja, wenn es keinen betrifft, braucht doch auch keiner ran zu gehen'.

Darauf sie: ‚Das kann der oder die doch nicht wissen'.

Ich fragte sie: ‚Wer'.

‚Na, der oder die am anderen Ende'.

Sie hatte recht. Aber ein fremder Anrufer in einem Anruftelefon würde sich doch nicht für Fremde interessieren können. Das sah Tanja aber anders.

Sie fragte laut in die Runde: ‚Erwartet jemand von Ihnen einen Anruf?'

Sie hat das gleiche auf Englisch ausgerufen, aber keiner hat sich gemeldet oder irgendwie reagiert. Nicht einmal hochgeschaut hat jemand.

Ich sagte zu ihr. ‚Komm setz dich wieder, du siehst doch, niemand erwartet den Anruf".

Tanjas Mutter saß mir gegenüber an der anderen Schreibtischseite. Ich hatte begonnen, den Kuchen zu verzehren. Er war sehr frisch, und es fielen mir beim Abbeißen kleine Stückchen des Blätterteiges von den Lippen auf meine Hose und auf den Tisch. Wir tranken unseren Kaffee. Tanjas Mutter beobachtete mich und die abstürzenden Krümel sehr genau, sagte aber nichts dazu.

Sie erzählte dann weiter: „Tanja setzte sich nicht wieder zu mir, sondern sie sagte: ‚Dann sag' ich es ihm'.

Ich: ‚Wem'.

‚Na dem Typen an der Strippe'.

Das Klingeln, hörte nicht auf. Es war geradezu nervig. Sie ging bin und nahm den Hörer ab.

Später hat sie mir erzählt, dass jemand unbedingt einen bestimmten Autoverleih des Flughafens hatte haben wollen. Er war selbst unterwegs und hatte einzig, wegen einer völlig anderen Geschichte, diese Rückrufnummer unter seinen Nummern finden können. Er sah sich also gezwungen, es solange klingeln zu lassen, bis jemand den Hörer abnehmen würde. Das war nun Tanja. Er erzählte ihr sofort, dass er dringend Hilfe, Unterstützung benötigte. Er musste unbedingt die Telefonnummer dieser Autovermietung im Flughafen erfahren und sagte zu ihr: ‚Die steht nicht im Telefonbuch. Sie brauchen dort gar nicht erst nachzuschauen'.

Er erklärte ihr, dass sie, obwohl es ein Ferngespräch sei, doch freundlicherweise nicht auflegen sollte, sondern in die andere Halle 'rübergehen und dort direkt am Schalter der Vermietung die richtige Telefonnummer erfragen sollte.

Er wurde in der Leitung bleiben, bis sie wieder da wäre. Sie sollte ihm bitte die richtige Nummer besorgen.

Tanja hatte einen Bleistift zur Hand und kritzelte auf einen Papierrest den Namen der Firma.

Dann rief sie mir zu: ‚Pass einen Augenblick auf das Telefon auf, dass niemand den Hörer auflegt, und verschwand im Gang zur anderen Halle. Ich wusste nicht, was man da von ihr verlangt hatte und stellte mich unwillig in die Box an den Hörer.

Dass sie weglief, fand ich unerhört. Ich konnte nicht auf meinen Mann warten und gleichzeitig den Hörer bewachen.

Es dauerte und dauerte.

Das Flugzeug meines Mannes war schon längst gelandet, und sie traf und traf nicht wieder ein. Mich beruhigte etwas, dass mein Mann von alleine nicht so schnell den Flughafen verlassen würde. Er würde versuchen, bei uns Zuhause anzurufen und wenn er feststellte, dass niemand an den Apparat ginge, annehmen, dass ich unterwegs wäre, um ihn abzuholen.

Trotzdem ärgerte es mich, dass ich hier, wegen einer Sache, die mich wirklich nichts anging, festgenagelt war. Nach etwa fünfzehn Minuten kam Tanja zurück. Sie ging gleich an den Apparat, gab die Nummer durch, freute sich noch am Apparat über den netten Gesprächspartner und legte endlich auf.

Ich drängte jetzt. Mein Mann würde sicher schon ungeduldig werden. Sie aber war die Ruhe selbst.

'Mami', sagte sie, 'geh doch schon zu. Ich komm' nicht mehr mit. Grüß Papi von mir. Sag ihm, er ist ein Schatz!' Und war schon an der Tür, an dieser gläsernen Automatiktür, die sich sofort wieder hinter einem schließt. Durch die Scheibe winkte sie noch zurück und war weg.

Das verschlug mir die Sprache, obwohl ich Ähnliches von ihr gewohnt bin. Meinem Mann habe ich nichts davon erzählt; nicht einmal, dass sie überhaupt mitgekommen war. Das hätte er nie verstanden".

Ich fragte nach: „Hätte er es nicht verstanden, dass sie mitgekommen oder dass sie wieder weggelaufen ist".

„Darüber, dass sie zum Flughafen mitgekommen ist, hätte er sich wohl gewundert, dass hätte ihn sicher auch gefreut. Wer wird als Vater schon nicht gerne von seiner Tochter abgeholt. Aber wenn ich ihm dann erzählt hätte, dass sie wieder auf und davon war, hätte ihn das sehr betrübt. Das hätte er nicht verstanden. Ich kann es übrigens auch nicht verstehen".

Ich dachte über das Mädchen nach. Vielleicht war es nicht wegen des Vaters mitgegangen, sondern wegen der Aussicht, etwas ganz und gar Unvorhergesehenes oder Unbeabsichtigtes zu erleben. Würde etwas passieren, hätte sie einen Grund, zu sich zu sagen: ‚Siehst du, das war es, deswegen bist du mitgegangen, nicht wegen deines Vaters also'.

Den Grund würde sie vor sich gelten lassen und ihn nutzen. So brauchte sie sich nicht mehr einzugestehen: ‚Ich entziehe mich meinem Vater, um ihn dafür zu bestrafen, dass er sich mir immer entzogen hat. Auf diese Weise wurde ihr Handeln für sie folgerichtig und verlangte ihr keine zusätzliche Entscheidung mehr ab.

Sie konnte nun mit reinem Gewissen sagen: ‚Ich habe meine Aufgabe erfüllt, meinen Auftrag erledigt, nun kann ich wieder gehen'. Ich glaubte zu wissen, warum sie ihren Vater nicht hatte sehen wollen. Sie hatte es nicht gelernt, auf eine Bestrafung der Erwachsenen, die ihr die Liebe verweigert, die ihr wehgetan hatten, zu verzichten.

Der Vater war für sie das Stück Kuchen, durch das sie köstlichste Erinnerungen erfuhr, das zu essen sie aber aus alter Erfahrung ablehnte. Es konnte sie nicht befriedigen. Es erfüllte nicht ihre Wünsche und nicht ihr Sehnen. Sie wusste sehr gut, dass sich Gewesenes nicht zurückholen ließ, dass dies kein Film war, den man rückwärts laufen lassen konnte.

Letzten Endes stand sie sich immer selbst im Weg, denn diese wiederkehrende Einsicht traf sie stets unvorbereitet.

Das waren Momente, in welchen sie sonst mit Türen schmiss und Dinge in der Wohnung ihrer Eltern zu zerstören suchte, um die Eltern die Bestrafung hautnah miterleben zu lassen. Diese Momente wurden ihr zu schmerzhaftem Lieben.

Ich verstand Tanja sehr gut und versuchte, ihre Gedanken zu Ende zu denken. Es könnte sein, dass Tanja vom Flughafen aus direkt in die Wohnung der Eltern zurückgekehrt war, um dort Unheil anzurichten.

Deswegen fragte ich, so vorsichtig es ging, nach: „Ist Tanja danach wieder in Ihre Wohnung zurückgekehrt?"

„Ja, das musste sie, weil sie einen Beutel mit ihren Sachen abgestellt hatte".

„Und? hat sie sich dort irgendwie ausgetobt oder so?"

Tanjas Mutter antwortete mit völligem Erstaunen: „Nein, doch nicht, wenn wir nicht im Hause sind. Nein, nein. Das macht sie nur vor Publikum. Sie muss doch wirken, sie muss sich doch in Szene setzen. Sie braucht ihren Auftritt. Nein, da kann ich ganz sicher sein, wenn wir nicht da sind, stellt sie nichts an".

Das hatte ich so erwartet. Tanja hatte keine Wut gegen die Türen und Möbel der Eltern, und Zerstörung an sich wollte sie auch nicht.

Sie würde sich jetzt in ihr Schneckenhaus zurückziehen.

Nach einiger Zeit würde die Sehnsucht nach den anderen wieder überhand nehmen und so stark über sie kommen, dass sie sich einreden würde, schon der Anblick der von ihr so geliebten Menschen müsste sie befriedigen. Sie würde dann hervorkommen als der glücklichste Mensch von der Welt, Zuhause auftauchen und alles, alles begönne von vorne. Sie hofft in ihrer übertriebenen Lebensfreude auf kleinste Zeichen, kleinste Liebesbeweise, hofft auf Unerwartetes aus den Händen der anderen, um feststellen zu müssen, dass nichts passiert.

Sie würde sich für diese falsche Hoffnung wieder bestrafen wollen, und, in eine karge Decke gehüllt, erneut auf dem Fußboden schlafen. Sie wird sich der Verschwiegenheit des Hundes erneut anvertrauen, in kindlichsten Spielen, versteckt unter einer Wolldecke, in einer Höhle, versuchen, ein wenig Geborgenheit zu finden.

Es ist dann ihr Betteln: ,Habt mich lieb, ich bin ja noch so klein'.

Bei einem einzigen verkehrten Wort gerät sie schließlich in Wut und möchte am liebsten alles in Schutt und Asche legen.

Der Gedanke an dieses Mädchen quälte mich sehr. Ich spürte besonders das Qualvolle in dem Unabänderlichen, an der sturen Wiederholung des ganzen.

Ich empfand, wie schwer sie es hatte. Ihre Wunden waren so deutlich. Ich kannte mich an ihnen aus.

Tanjas Mutter war seit ein paar Minuten damit beschäftigt, das wenige Geschirr in einem kleiner Handwaschbecken abzuwaschen. Sie hatte sich dazu von einem Boiler im Flur heißes Wasser geholt und war fleißig.

Ich fragte, ob ich beim Abtrocknen helfen sollte. Das schien sie nicht hören zu wollen.

Sie sagte: „Es ist nicht gut, wenn ich Ihnen nur, so wie gestern, trübselige Geschichten von ihr erzähle. So etwas, wie auf dem Flughafen, ist doch lebensfroher, nicht wahr? Würden Sie an ein Telefon gehen, das nun wirklich nicht für Sie bestimmt ist? Na, sehen Sie. Aber Tanja hat da keine Hemmungen. Sie ist auch schon mal an einen Taxenstand gegangen, weil es dort unentwegt klingelte. Sie hat denjenigen beruhigt und gesagt, dass im Augenblick kein Taxi da wäre. Er sollte es später noch einmal versuchen. Also, ich persönlich wüsste gar nicht, wie so eine Telefonschaltung an einem Taxenstand funktioniert".

Sie packte ihre mitgebrachten Sachen wieder zusammen, wischte den Schreibtisch noch ein wenig ab und machte Anstalten zu gehen. Mir fiel nichts Besonderes mehr ein.

Deswegen sagte ich: „Wenn Sie den Kaffee kochen, wird es gleich gemütlich im Raum. Bei mir war es gestern, zugegeben, recht kümmerlich".

Ich fragte nach: „Bin ich Ihnen denn kein Geld schuldig?"

Sie zögerte eine Sekunde. Deshalb sagte ich schnell: „Nehmen Sie bitte dies von mir. Das muss auf jeden Fall reichen. Wenn es zu viel sein sollte, können Sie den Rest in die Freud- und Leidkasse stecken".

Ich wusste von dieser Kasse und dass sie die führte. Sie nahm das Geld, bedankte sich, und alles war in Ordnung. Sie verabschiedete sich und kam nicht zurück.

Es waren aber kaum zehn Minuten vergangen, da erhielt ich einen Anruf von ihr: „Ich habe ganz vergessen Sie zu fragen, ob Sie morgen auch im Büro sind. Wir könnten uns dann doch noch ein letztes Mal zusammensetzen.

Ich könnte Ihnen zur Abwechslung einiges über die Essgewohnheiten von Tanja erzählen. Vielleicht erkennen Sie sich ja sogar wieder".

„Ich mich? Wie kommen Sie denn darauf?"

„Na, dass Sie ein komplizierter Esser sind, das merkt eine Frau doch auf hundert Meter".

Ich war verblüfft und musste lachen.

Ich sagte nur: „Bringen Sie wieder Kuchen mit?"

„Ja, natürlich. Der hat Ihnen doch geschmeckt, oder?"

„Stimmt. Also, dann bis morgen".

Konnte es sein, dass diese Frau es verstand, ein wenig in mein Herz zu schauen?

VII.

Tanjas Mutter hatte mich also wenigstens in einem Punkt erkannt oder durchschaut.

Ihr war mein komplizierter Umgang mit Essen aufgefallen. Nicht zuletzt sicher dadurch, dass auch ihre Tochter eine dauernd unzufriedene Esserin war. Sie hatte einen Blick dafür bekommen. Wenn ich an die erste Begegnung mit Tanja dachte, und es war die bis jetzt einzige gewesen, dann sehe ich sie immer noch wahllos in ihrem Essen herumstochern, lustlos. Trotzdem vielleicht hungrig, nur nicht auf dieses Essen, auf diese Abspeisung.

Warum sie sich dabei an dem Tisch so herum geräkelt hatte, wurde mir immer klarer. Sie wand sich um die Notwendigkeit des Essens von Essbarem.

Es klingt absurd und wird ihr sicher nicht gerecht, aber wenn ich sie richtig einschätzte, hätte sie alles mit Freude gegessen, wenn sie von der Mutter einfach gefüttert worden wäre. Sie hätte sicher auch gegessen, wenn sie von ihr aufmunternde Worte zu hören bekommen hätte: Nun iss mein Kind, solange das Essen noch warm ist', oder: ,Das wird dir schmecken, du bekommst auch einen Nachtisch. Den kannst du dir selber aussuchen'.

Tanja sehnte sich weder nach Essen noch nach Trinken, sondern nach der Speise, die man nicht auf einen Teller legen konnte. Sie sehnte sich jedes Mal, wenn sie richtiges Essen zu sich nehmen musste, nach einer Liebesspeisung, nach Anerkennung, wenigstens dem Anflug einer Zärtlichkeit.

Es hätte genügt, ihr die Hand beruhigend auf den Rücken zu legen und ihr irgendetwas zu erzählen. Ein Märchen wäre vielleicht richtig gewesen. Ich weiß es nicht, aber ich denke mir das so. Mir fehlte nicht die Parallele zu mir selbst.

Ich erinnerte mich bei mir an eine fast über ein Jahr anhaltende Fresslust, die das genaue Gegenteil zu sein schien.

Ich hatte sie nicht ohne weiteres wieder ablegen können.

Damals befand ich mich in einem völlig anderen Dienstverhältnis. Dort hatte ich zwar als Neuling begonnen, brachte aber so viel umsetzbare Erfahrung mit, dass sich die Kollegen und die Vorgesetzten überrollt und überfahren fühlten. Sie ließen mich das vom ersten Tag meiner Tätigkeit an spüren und scheuten sich nicht, mich deswegen auch direkt auszusprechen und es mir vorzuwerfen: „Sie glauben wohl, Sie sind der große Zampano", sagte einer und ähnliche Dinge mehr.

Etwa vom zehnten, zwölften Tag meiner Tätigkeit an, und zwar regelmäßig schon vor der Mittagspause, überfiel mich diese Fresslust. In der Mittagspause herrschte Burgfriede. Man sprach möglichst nicht über die Arbeit, und da ich ohnehin meistens mit der einzigen mir wohlgesonnenen Kollegin zu Tisch ging, gab es damit keine Probleme. Für mich war es zu der Zeit unerklärlich, dass ich mit Heißhunger auf die Mittagspause wartete. Ich wurde unruhig, wenn ich mich verspäten musste und wählte mir das Essen schon nach ganz kurzer Zeit nicht mehr nach dem Aussehen, sondern nach der Menge aus.

Das war sonst nicht meine Gewohnheit.

Normalerweise gehe ich lieber zweimal am Stand mit den ausgestellten Essen vorbei und schaue in aller Ruhe. Dabei frage ich mich fortwährend, ob ich mir auch vorstellen kann, dieses Essen ganz aufzuessen oder ob ich doch lieber, sicherheitshalber sozusagen, ein anderes nehmen möchte. Das wurde hier schlagartig anders.

Das allerschlimmste, und das konnte ich mir überhaupt nicht mehr erklären, war, dass ich vom Mittagstisch keinesfalls gesättigt aufstand sondern mit dem Gefühl, nichts im Magen zu haben, auf die Straße trat. Es zog mich, als wäre es wirklich anders nicht möglich, mit aller Kraft in die nächste Konditorei.

Ich bestellte dort sofort zwei Stücke Kuchen und eine Tasse Kaffee. Mein Kollegin hatte das anfangs ganz gelassen abgetan: ‚Alles Frust. Der ist in ein paar Tagen vorüber'.

Sie irrte. Es war jeden Tag gleich schlimm. Es hörte nicht auf, und meine frühere Abneigung gegen Kuchen und Süßes war wie weggeblasen. Ich konnte sie mir nicht einmal mehr vorstellen. Mein Heißhunger war mir unerklärlich. Ich geriet in die Abhängigkeit meines maßlosen Hungergefühls.

Ich hätte in der Zeit an Gewicht zunehmen müssen. Obwohl ich mich früher nie darum gekümmert hatte, prüfte ich nun täglich, wie schwer ich war. Es tat sich aber nichts. Mein Gewicht blieb gleich, und ich aß und aß und wurde nicht satt.

Mein Gott, wenn ich heute an die Zeit zurückdenke, fallen mir wirklich nur Hunger und meine Lust auf Süßes ein.

Ich habe dort nicht lange durchgehalten und die Tätigkeit schnell aufgegeben. Von dem Tage an, an welchem ich wechselte, waren mein Appetit, Hunger und meine Ablehnung von Kuchen und Süßem wieder wie eh und je.

Ich kann mir heute noch vorstellen, wie schrecklich es war, und genieße es wieder, mir mein Essen erst nach kritischem Aussuchen zu bestellen.

Das alles fiel mir ein, bevor Tanjas Mutter bei mir erscheinen wollte, um über die Essgewohnheiten ihrer Tochter mit mir zu reden. Sie hielt ihr Versprechen und kam bepackt, wie beim ersten Mal, und bereitete unser Frühstück zu.

Ich begrüßte sie und freute mich über ihr Kommen.

Sie sagte: „Heute brauchen Sie nichts zu bezahlen, das reicht noch für mindestens dreimal aus. Also kein Wort von Geld".

„Ist gut", sagte ich.

Helfen ließ sie sich wieder nicht.

Sie erzählte dann: „Wissen Sie, wir haben seit Jahren gute Bekannte. Meistens besuche ich die Leute ohne meinen Mann. Ich geh' dann allein dort hin. Tanja war noch nie dabei gewesen. Sie wusste aber sehr genau von den Besuchen und auch, wer die Leute waren. Einmal wollte sie mit, ganz freiwillig. Ich hatte nichts dagegen einzuwenden.

Sie war sehr aufgeschlossen und unterhielt sich gut mit ihnen. Nachmittags fragte sie unvermutet, aber höflich, nach einem Stück Brot, weil sie Hunger hätte.

Wissen Sie, das fand ich dumm, weil wir gerade und ausführlich Kaffee getrunken hatten. Kuchen hatte es auch reichlich gegeben. Also, was sollte das.

Tanja hatte aber gefragt und die Leute sagten: ‚Tanja geh und hol dir, was du möchtest. Nimm, was du willst, iss was du findest. Wenn du etwas Neues anschneidest, mach es bitte nur so wieder zu, dass wir es weiteressen können'.

Damit war für die der Fall erledigt.

Tanja verschwand. Erst durchstöberte sie die Küche und aß hiervon und davon. Das bekamen wir alle mit, weil sie die Türen offen stehen ließ.

Dann verschwand sie ganz in der Speisekammer, kam mit allem möglichen zurück und fragte, ob sie davon auch essen dürfte. Immer hieß es von den Leuten: ‚Iss wovon du willst, nimm dir was du möchtest. Du brauchst wirklich nicht zu fragen, Tanja'.

Mir wurde das unangenehm, es war mir peinlich.

Ich stand auf und wollte Tanja in der Küche etwas sagen. Die anderen hätten das nicht unbedingt hören müssen. Die merkten aber, was ich vorhatte und sagten, noch bevor ich losgehen konnte: `Lass sie doch machen. Es ist uns wirklich recht'. Von draußen, aus der, Küche, hörte ich wie Tanja beim Essen ein Lied vor sich hin summte. Das tat sie nur, wenn es ihr sehr gut schmeckte.

Also ließ ich meine Erziehungsversuche sein und tat nichts mehr. Ich setzte mich einfach wieder hin.

Selbst, als wir nach Hause fuhren, sagte ich darüber kein Wort zu ihr und hatte das ganze tatsächlich bald völlig vergessen. Nicht aber Tanja. Sie fragte mich schon nach kurzer Zeit: ‚Wann besuchst du die wieder?" Ich dachte mir nichts bei der Frage und ging irgendwann wieder hin. Sie kam wieder mit.

Diesmal arbeitete sie sich systematisch vor.

Sie fragte schon, wenige Minuten nachdem wir eingetroffen waren: ‚Darf ich mir wieder etwas zu essen suchen?'

‚Ja, natürlich darfst du das. du brauchst deswegen nicht zu fragen. Das weißt du doch. Mach was du für richtig hältst und iss, was dir schmeckt'.

Die Leute gaben ihr auch noch den Tipp, wenn sie Küche und Speisekammer durch hätte, sollte sie ruhig im Keller weitermachen.

Darauf sagte Tanja: ‚Stimmt. Da war ich schon. Da lagert die Schokolade. Und da sind selbstgebackene Kekse'.

Ich bin vor Scham fast im Erdboden versunken, glauben Sie das?"

Ich sagte: „Das glaube ich Ihnen. Ich kann das gut nachempfinden".

Wir saßen vor unserem Kaffee, und Tanjas Mutter hatte meinen Schreibtisch wieder angenehm in einen Cafetisch verwandelt.

Das gefiel mir. Ich sagte es ihr.

Beim neuerlichen Erzählen beobachtete ich ihre Hände. Sie unterstrich ihre Worte mit ganz intensiven Bewegungen nicht nur der Hände sondern auch der Arme.

Sie erinnerte mich an Französinnen, die ihre Worte oft mit vielen schauspielerischen Gesten vortragen.

Den Französinnen reicht aber meistens die Bewegung der Hände, und sie kommen mit dem Platz direkt vor ihrem Körper aus.

Tanjas Mutter aber brauchte Raum.

Sie streckte die Arme, wenn es spannend wurde, ganz gerade aus und ließ die Hände dort oben die Geschichte noch einmal darstellen. Das eine oder andere Mal zeigten beide Arme in dieselbe Richtung, so dass sie nebeneinander in der Luft standen. Sie ließen die Hände dann ein eigenes kleines Theaterstück aufführen.

Sie bewegte den ganzen Körper, wenn sie sprach.

Es entstanden schöne, flüssige, leichte und anmutige Bewegungen. Es passte alles zusammen. Sie schob sich auf dem Sitz des Stuhles bis zu einer winzigen Vorderkante, verharrte dort, zog sich wieder zurück, bis hinein in die Stäbe der Rückenlehne und wiederholte das gleiche Kunststück von der anderen Stuhlecke aus.

Manchmal geriet sie, um mir beim Erzählen näher zu sein, mit dem Oberkörper in die Höhe. Sie stützte sich leicht mit den Ellenbogen oder den Händen auf dem Tisch ab und setzte sich danach mit dem Gesichtsausdruck einer erfolgreichen Darbieterin wieder auf den Stuhl: ‚Na, was sagen Sie denn dazu'.

Wenn sie mich besuchte war sie jedes Mal anders gekleidet. Sie sah frisch, sauber und für meine Begriffe ein wenig unantastbar aus. Das lag vielleicht an den Blusen, die sie trug, mit den langen Ärmeln und den hochgeschlossenen Kragen.

Sie trug keine Hosen, sondern hatte passende Röcke an.

Sie war unaufdringlich gekleidet. Es war alles ‚züchtig' und brav an ihr.

Eigentlich fehlte nur noch eine Schürze. Ja, eine Schürze hätte ihr Erscheinungsbild vollständig abgerundet. Es hätte aber keine Feld-, Wald- und -Wiesenschürze sein dürfen. Sie hätte ein Oberteil haben müssen, und sie hätte mit Stickerei auf weißem Stoff verziert und im Nacken und um die Hüften mit langen Bändern gebunden sein müssen. So stellte ich sie mir vollständig angezogen vor.

„Tanja wurde bei den Leuten immer unbedarfter", fuhr sie wieder fort.

„Immer öfter kam sie mit, und ich hatte keine Möglichkeit, das zu verhindern.

Hinzu kamen zwei Dinge. Erstens die Gewissheit, dass sie bei den Leuten wegen ihrer Ungezwungenheit im Naschen, so sahen die es wohl, und der damit verbundenen und von Tanja an den Tag gelegten Genüsslichkeit, gerne gesehen war. Ja das war für mich ganz, ganz sicher.

Zum Zweiten gab es bei mir die Unsicherheit, ob sich nicht für Tanja hier eine einzigartige Möglichkeit auftat, wirklich, durchgehend und von Herzen glücklich zu sein".

Ich wollte Tanjas Mutter nicht unterbrechen, aber ich hätte den letzten Satz gerne anders beendet, nämlich: ‚und von Herzen satt zu sein'.

Das behielt ich aber lieber für mich. Das hätte sie vielleicht falsch verstehen und verletzen können.

So sagte ich nur: „Isst sie denn sonst auch so viel?"

„Nein", sagte Tanjas Mutter, „überhaupt nicht. Sie haben doch selbst gesehen, wie sie vor dem Kantinenessen gesessen hat. Sie hat ja fast nichts davon gegessen. Und bei den Leuten aß und aß und aß sie. Ich kann das überhaupt nicht verstehen.

Ach, das wichtigste hätte ich ja bald vergessen.

Also, nachdem wir kurz hintereinander dort gewesen waren, habe ich sie an einer ganz empfindlichen Stelle gepiekt.

Ich habe nämlich gesagt: ‚Wenn du bei den Leuten weiter solche Mengen isst, dann wirst du aufgehen, wie ein Honigkuchen'.

Ich weiß ja, wie sehr sie auf ihr Gewicht achtet, wie sehr sie darum besorgt ist, nicht wie die ‚fetten Zicken' herumzulaufen. So nennt sie die Mondänen, die ‚grünen Witwen'.

Darauf hat sie ganz gelassen reagiert. ‚Davon nehme ich kein Gramm zu. Im Gegenteil, mein Hunger wird immer größer und ich könnte dort immer weiteressen. Ich achte ganz genau auf mein Gewicht, jedes Mal. Ich sage dir die reine Wahrheit, ich nehme sogar noch ab dabei, und das verstehe ich selbst nicht'.

Das war meine letzte Attacke in diese Richtung. Von nun an ließ ich sie in Ruhe, ließ es laufen wie es lief".

Ich fragte nach: „Und wie lief es?"

Sie stockte in ihrem Redefluss und sagte: „So plötzlich wie sie dorthin wollte und ihrer Unbeherrschtheit nachgegeben hatte, so schlagartig wie sich ihre Unersättlichkeit entwickelt hatte, so urplötzlich war sie vorbei. Von einem Tag auf den anderen.

Als ich wieder einmal zu Besuch gehen wollte und es Tanja ganz selbstverständlich sagte, war ihre Antwort: ‚Ich bleib hier, ich brauch nicht mehr zu essen. Grüß' sie von mir. Sag ihnen danke von mir. Ja, es ist vorbei. Ich bin richtig erleichtert'.

Sie war also erleichtert. Na, und ich erst 'mal. Ich traute dem Frieden zwar nicht, ging aber seit langem das erste Mal wieder alleine hin. Die fragten nur ganz kurz nach ihr. Kein Wort sonst, dass sie sie vermissten oder derartiges.

Nein, einer von den beiden sagte doch: ‚Dann ist es wohl vorbei'. Ich stimmte zu. Alles war ganz und gar in Ordnung. Ich fand es nicht mehr angebracht, mich unter diesen Umständen in Tanjas Namen noch zu bedanken. Das konnte ich nicht, Ich hätte es unpassend gefunden".

„Haben Sie Tanja eigentlich gefragt, warum sie erleichtert war? Das würde ich gerne wissen".

„Warum, hab' ich nicht gefragt. Ich habe mir aber mein Teil gedacht".

„Das wäre?"

„Na, sie hat wieder geschauspielert. Sie hat sich bei den Leuten wichtigmachen wollen, wollte deren Aufmerksamkeit erregen. Das war ihre Melodie. Die Leute kannte sie ja, und im Prinzip zog sie die alte Masche wieder ab. Sie brauchte eben wieder ihre Auftritte".

„Glauben Sie, dass Tanja solche Beziehungen auch zu anderen Leuten unterhält, ich meine, Leuten, die Sie nicht kennen?"

„Sie meinen, zu Leuten, die meinem Mann oder mir völlig fremd sind?"

„Ja, zum Beispiel".

„Das kann ich nicht sagen, weil ich es nicht weiß. Aber im Grunde glaube ich, dass sie dies Theater immer nur macht, wenn einer von uns, also mein Mann oder ich dabei ist. Ja, ich bin ziemlich sicher, dass sie das nur macht, wenn wir das auch mitbekommen".

„Das denke ich auch. Sie hätten sonst schon mal was zu Gehör bekommen".

„Ja, das glaub' ich auch. Und ich bin froh darüber, dass das nicht der Fall ist. Stellen Sie sich bitte vor, wir würden von anderer Seite solche Geschichten über sie hören. Ich würde mir ja Tag und Nacht Vorwürfe machen müssen, dass ich sie falsch erzogen habe, oder dass sie Zuhause nicht satt wird".

Ich dachte derweil über die Vergleichbarkeit von Tanjas und meiner Fresslust nach.

Bei mir war es die fehlende Anerkennung in der Firma gewesen. Bei Tanja war es die Anwesenheit der Mutter in einer Gesellschaft gewesen. Dieser Gesellschaft hatte sie, nämlich die Mutter, die ganze Aufmerksamkeit und Körperlichkeit geschenkt.

Das musste Tanja ja reizen. Das war genau das, was sie sich immer gewünscht hatte. Ihr sollte die Mutter gehören, ihretwegen sollte die Mutter da sein. Das wollte sie wieder und wieder erzwingen. Ihre Not war groß, und ihr fiel nichts anderes ein, als die Aufmerksamkeit der ganzen Gesellschaft auf sich zu lenken.

So sollte die Mutter Tanja wieder sehen und beachten müssen. Die Mutter hatte aber nur die Leute im Kopf. Das war verteufelt. Tanja inszenierte sich selbst in dieser Sache ohne großes Nachdenken, wurde dabei nur von ihren Gefühlen geleitet.

Die Mutter hatte gar nicht so unrecht, wenn sie der Meinung war, dass das alles reine Schauspielerei war.

Es war Theater ohne Drehbuch. Es war das reine Empfinden des Mädchens, und das brachte es zum Ausdruck. Im Grunde war es nichts anderes, als hätte sie wieder einmal etwas zu zertrümmern versucht. Diesmal war sie jedoch einen Schritt weiter gegangen, denn sie hatte den schlimmen Versuch unternommen, sich dabei selbst zu zerstören.

Für sie persönlich war das gar nichts Neues. Jede ihrer Tätowierungen war schließlich ein Stück Selbstverstümmelung. Irgendwann waren ihre Kräfte aber auch diesmal erschöpft. Deswegen musste sie abbrechen und aufgeben. Sie konnte nicht mehr. Ihr Körper signalisierte vollständige Sattheit. Es blieb ihr nichts weiter übrig, als sich aus dem Kampf als Verliererin zurückzuziehen. Mein eigener Abbruch seinerzeit hatte vielleicht ähnliche Gründe gehabt. Ich scheiterte damals auch an der eigenen Schwäche und musste aufgeben.

Meine Gedanken schufen immer schneller immer neue Gedanken. Es tat sich eine grundsätzliche Frage auf, nämlich, ob es die Möglichkeit für mich geben könnte, mit einem Menschen, diesem Mädchen, dem ich anscheinend so sehr verwandt war, den Versuch einer engeren Verbindung oder sogar einer ganz engen Beziehung zu wagen.

Das Absurde daran war nicht, dass sie meine Tochter hätte sein können, sondern dass ich mit diesem Gedanken das Vertrauen der Mutter in mich vor mir selbst hinterging.

Sie hatte sich doch schon über den ‚alten' Österreicher ausgelassen, und der war, glaube ich, erst sechsunddreißig. Das alles, obwohl sie wusste, dass Verbindungen zwischen älteren Männern und jüngeren Frauen nicht unnormal sind und häufiger vorkommen, als Verbindungen von älteren Frauen mit viel jüngeren Männern.

Ich wollte mich bei Gelegenheit mit dem Gedanken enger vertraut machen und sollte mich von dem Altersunterschied und dem Verrat an der Mutter freimachen.

Diese Überlegungen überfielen mich mit atemberaubender Schnelligkeit und Deutlichkeit. Ich staunte darüber, weil ich mir nicht verhehlen konnte, die innere Bereitschaft zu spüren, an dem Mädchen eine bestimmte Art von Ausbeutung betreiben und vornehmen zu wollen. Tanjas Mutter hatte schon längst wieder alles abgewaschen, zusammengepackt. Sie stand in der Tür mit einem freundlichen Wunsch für das neue Jahr auf den Lippen.

Ich hatte alle Mühe, mich zu konzentrieren.

Gedanken an Neujahr, an Höflichkeiten, mich bei der Frau zu bedanken, sie zu verabschieden und meine Neugier auf weitere Nachrichten, am liebsten auf ein Gespräch mit Tanja, gingen kreuz und quer durch meinen Kopf.

Tanjas Mutter mochte das eine oder andere mit ihrer Eingebung, die so nur Frauen eigen ist, erraten haben. Mir schien es, dass sie mich beim Hinausgehen mit einem sonderbar fragenden Blick ansah, so, als wollte sie sagen: ‚Na? Was geht denn nun in deinem Kopf vor...'

Ich stand ratlos vor ihr. Es war völlig ungewiss, über die Feiertage auf irgendeine Weise etwas zu erfahren. Meine Ungeduld würde mich wieder quälen.

Ich fragte deshalb Tanjas Mutter ganz spontan und wusste, dass ich keinen Grund für meinen Wunsch hatte: „Wäre es möglich, falls ich doch noch die eine oder andere Kleinigkeit wissen möchte, Sie Zuhause anzurufen?

Ich würde nur ganz kurz durchklingeln, und wenn es ungelegen kommt, können Sie es mir ja sofort sagen. Ich möchte Sie auch nur darum gebeten haben, falls es eine Frage geben sollte".

Sie lachte etwas erfreut aber auch verunsichert und verlegen auf: „In Ihnen habe ich einen Nimmersatt. Aber es ist nicht so schlimm. Wenn ich Zeit finde und wenn Sie meinen, dass es sein muss, dann melden Sie sich bitte. Bis dann also".

Ich war erleichtert und, wenn man das Wort ‚schrecklich' in diesem Zusammenhang je benutzen konnte, dann war ich schrecklich erleichtert.

Es tat gut.

Ich wusste nicht, warum ich sie hätte anrufen sollen. Es war mir wohl nur eingefallen, um mir wenigstens eine kleine Hintertür offen zu halten.

VIII.

Am letzten Tag des alten Jahres saß ich allein zu Hause. Den Kopf hielt ich in meine beiden Hände gestützt. Ich war voller Gedanken an Tanja. Meine Vorstellungen von dem Mädchen überlagerten sich mit Bildern und Erinnerungen, gemeinsamen Erlebnissen an und mit meiner eigenen Frau. Tanjas Gesicht verschmolz einmal zu dem meiner Frau, dann war es wieder umgekehrt. Ich dachte über die eine nach und meinte die andere und befragte, wenn ich so in Gedanken mit meiner Frau sprach, unablässig Tanja. Die konnten voneinander nichts wissen, antworteten aber trotzdem, als wüssten sie alles.

Meine Frau hatte mich erst kürzlich vor die Tür gesetzt: „Wir sind getrennt von Tisch und Bett", hatte sie gesagt, weil sie die dauernde Spannung, die ein Zusammenleben mit mir für sie bedeutete, nicht mehr länger ertragen konnte: „Wenn du in meiner Nähe bist, steh' ich unter Strom. Das ertrag' ich nicht länger!"

Sie fasste damit vieles zusammen, was ich zu ihr mit einem Satz so beschrieb: „Ich habe dich zu sehr geliebt, zu oft und zu andauernd. Ich liebe dich eben mit Leidenschaft". Das war wenigstens wahr.

Das verstand sie aber nicht. Das lag mit daran, dass sie nicht wusste, was mir Kunst bedeutet. Kunst ist für mich Leidenschaft. Die Liebe zu meiner Frau war leidenschaftlich, die Liebe zu ihr war ein Teil meiner lebendigen Kunst. Der betraf sie. Das würde sie niemals verstehen können, und das hätte sie niemals verstehen wollen. Sie hätte sich damit ja zum Opfer meiner Kunst machen müssen. Das wäre unvorstellbar. Sie fühlte sich zwar als Opfer, aber als Opfer meiner Selbstsucht und nicht meiner Kunst. Das wäre in ihren Augen etwas völlig anderes.

Bis vor kurzem waren die Kinder noch im Hause gewesen.

„Das", so sagte sie, „war noch ein Grund gewesen, dich zu ertragen. Aber nun, wo sie aus dem Haus sind, will ich allein über mich bestimmen. Ich bin ich. Ich bestimme über mich und sonst keiner". Das war ihre neue Rede.

Das schlimmste kam, als sie sagte: „Ich brauche es auch nicht, dass dauernd jemand etwas in mich hineinschiebt".

Danach sagte sie ganz verständnisvoll und trotzdem mit eisiger Kälte: „Ich habe begriffen, dass du dich nicht ändern kannst, aber ich lasse das nicht mehr länger mit mir machen. Wenn du nicht gehst, gehe ich".

Von dem Schlag konnte ich mich kaum einen Tag erholen, dann schob sie nach, weil ich neue Annäherungen wagte: „Wir sind getrennt von Tisch und Bett, vergiss das nicht".

Das war eindeutig. Meine Liebe zu ihr war aber größer. Ich empfand den Schmerz und stand in Tränen, hauptsächlich wegen der Vorstellung, ihr wirklich großes Leid zugefügt zu haben. Das wurde mir mehr und mehr bewusst.

Es war mir unter diesen Umständen lieber, sie ohne mich hoffentlich gesunden, als mit mir krank werden zu lassen. Selbstverständlich kann man auch darin eine Art Selbstsucht vermuten.

Noch einmal wollte ich alles daran setzen, sie umzustimmen, aber sie sagte nur: „Zu spät, mein Lieber, bei mir ist ein Band gerissen, und ob es jemals wieder zusammenwachsen wird, kann ich dir nicht sagen. Zum

heutigen Zeitpunkt jedenfalls sind wir getrennte Leute. Getrennt, verstehst Du?"
Ich glaubte, dass ich das meiste falsch gemacht hatte.
Sie hatte jetzt eine Notbremse gezogen. Sie konnte sonst wohl nicht mehr existieren.
Sie empfahl mir noch: „Mach es so wie ich, geh in eine Therapie". Sie suchte sogar eine Ärztin heraus, um mir den Schritt zu erleichtern.
Dazu sagte sie: „Das mach' ich nur um deinetwillen. Das hat mit uns nichts zu tun, gar nichts. Du musst hingehen. Tu es um deinetwillen".
Ich musste tatsächlich die Wohnung räumen, saß nun hier in unserer Zweitwohnung. Die war in dieser bösen Lage immer noch ein Glücksfall.
Ich schaute auf die Blumen auf meinem Tisch. Blumen wollte ich auf jeden Fall jederzeit in meiner neuen Behausung haben. Blumen sind für mich die Verbindung zu etwas Weiblichem, etwas Fraulichem. Wo Blumen sind, da sind auch Frauen nicht weit. Ich konnte ohne eine Frau nicht leben. Ich litt unsäglich. Ich stellte mir die Blumen auch deshalb auf den Tisch, weil ich mir dachte, wenn dich deine Frau oder sogar ein anderes weibliches Wesen besuchen sollte, dann sollen wenigstens Blumen vorhanden sein. Mich störte an vielen Junggesellenwohnungen, dass sie leer von diesen Dingen waren.
Ich wusch auch regelmäßig das Geschirr ab und hielt Ordnung in der Wohnung. Das gehörte ebenso dazu. Das, so glaubte ich, würde eine von mir ersehnte Besucherin milde stimmen. Denn an meiner Meinung, an dem ganzen Dilemma mit meiner Frau die Hauptschuld zu tragen, hätte eine Besucherin doch nur vorbeikommen können, wenn sie gesehen hätte, dass sich an meiner Einstellung, nämlich Weibliches und deren Attribute zu lieben und hoch zu schätzen, nichts geändert hätte. Und das stimmte nun ja auf alle Fälle. Das wollte ich mit diesen Dingen zu verstehen geben.
Ich saß am Tisch und dachte über die Verbindung zu einem Mädchen nach, das ich nur einmal im Sitzen gesehen hatte.
Verrückt, verrückt, verrückt war das von mir.
Gestern hatten Tulpen auf dem Tisch gestanden. Die hatten aber inzwischen begonnen, ihre Blütenblätter abzuwerfen. Danach würde sehr schnell der Blütenstaub herausfallen, und ein schwer entfernbarer, schwarzer Belag auf Tisch und Teppich würde bleiben. Das wollte ich verhindern. Deshalb tat ich sie vorsichtig in den Mülleimer und kaufte mir am nächsten Tag einen Strauß Astern. Dabei hatte ich nicht bedacht, dass die einen unangenehmen Eigengeruch haben. Sie riechen bitter, ein wenig nach Ginster. Nächstes Mal würde ich also erst an den neuen Blumen riechen müssen, bevor ich sie kaufen würde. Die Tulpen hatten

auch dadurch, dass sie innerhalb weniger Tage aus der Vase herausgewachsen waren, mit dem Stiel einen langen Bogen nach unten, fast bis auf den Tisch beschrieben. Die Blüten selbst zeigten immer mit der Öffnung nach oben. Das ganze hatte sehr verschlungen, ein wenig sterbend und ein wenig wie die Jugendstilbilder aus der Jahrhundertwende ausgesehen. Ich mochte das. Tulpen haben häufig diesen schweren süßlichen Geruch. Der teilte sich mir aber nur mit, wenn ich mit der Nase unmittelbar in die Nähe der Blüten geriet. Meine Tulpen hatten feine und strähnige Farbübergänge zwischen rötlich und gelb, mit Unterbrechungen von elfenbeinernem Weißbeige. Die grünen Blätter und die festen runden Stiele trugen die Blüten als ausladender Kronleuchter. Es ging Stolz von ihnen aus. Die Blütenränder waren nicht eingerissen, sondern ebenso fleischig, wie die Blätter und die Stiele. Die sahen für mich aus, wie die Ellenbogen von Frauenarmen, die sich oberhalb der Tischplatte im freien Raum abstützten. So hielten sich die Blüten. Ich sah noch mehr darin. Für mich waren es zugleich die Linien auf zarten Frauenhänden. Die verliefen von den Hautfalten zwischen den Fingern bis in die Handrücken. Es waren schmeichelnde sanfte Linien. Dagegen hatten die Astern geradezu derb ausgesehen. Sie waren überall krümelig und struppig. Sie passten nicht zu meiner Gemütsverfassung. Ich hätte sie lieber nicht kaufen sollen, und musste sie nun, wohl oder übel, ertragen.

‚Ganz so schlimm‘, sagte ich mir, ‚ist das aber auch nicht. Beim nächsten Strauß musst du eben besser aufpassen'. Ein schwacher Trost war das.

Es war alles richtig, was meine Frau mir vorgehalten hatte. Als ich endlich mitbekommen hatte, dass der Haussegen nicht nur schief gehangen hatte sondern bereits abgestürzt war, und ich in meiner letzten Not ihr ein schönes Bund Malven in die Vase gestellt hatte, tat sie so, als hätte sie es gar nicht bemerkt. Erst, als ich sie dann etwas in der Richtung fragte, sagte sie: „Blumen kann ich mir auch alleine kaufen. Damit kriegst du mich auch nicht wieder ins Bett. Und 'was anderes willst du doch nicht".

Was sollte ich sagen. Ich hatte nur kümmerliche Gründe, fast schon Ausreden: „Die Blumen hab' ich auch für mich gekauft. Das müsstest du eigentlich wissen. Letzten Endes hast du aber irgendwie recht".

Meine Frau war sehr verletzt, seelisch und körperlich. Normalerweise hätte sie über solche Dinge niemals so einfach gesprochen. Das verunsicherte mich zusätzlich und machte mich mundtot. Wie sie mein Schweigen deutete, weiß ich nicht. Von ihrem Vorhaben, mich langfristig loszuwerden, ließ sie jedoch keine Sekunde ab, und hatte es schließlich ja auch geschafft. Dabei war es mir zehnmal lieber, dass ich das Haus verließ und in eine andere Wohnung zog, als wenn sie es getan hätte. Sie war drauf und dran es zu tun. Dabei dachte ich, dass das wichtigste im Augenblick sicher sein musste, ihr in gewohnter Umgebung die verlangte Ruhe zu beschaffen. Sie liebte schließlich das Haus und die Häuslichkeit mehr als ich.

Als ich die Astern wieder vor mir stehen sah, erinnerte ich mich im Zusammenhang mit Blumen an frühere halsbrecherische Manöver. Damals, als wir noch keine Kinder hatten, schenkte ich ihr zum fünfundzwanzigsten Geburtstag fünfundzwanzig langstielige, rote Rosen, die ich spät in der Nacht in eine Vase stellte, und zwar so, dass ihr erster Blick am Morgen, beim Aufwachen, darauf fallen musste.

Das geschah auch, aber mit ihrem Aufschrei: „Mein Gott, dafür hätte ich lieber Schuhe gehabt".

Sie führte die Kasse bei uns und sah das schöne Geld anders als ich. Für mich waren die Rosen der Geburtstagsgruß eines vor Liebe Verrückten. Für sie war das anders. So litt unsere Liebe unter ständiger Spannung.

Danach verfügte ich über längere Zeit über ausreichend Geld und ließ ihr große und teure Blumengestecke anfertigen. Sie nahm die Blumen mit dem Gefühl größter Peinlichkeit entgegen und empfand es als schmerzlich, wenn sie vor anderen Frauen auch noch gestehen musste, dass sie die von ihrem eigenen Mann geschenkt bekommen hatte. Sie tat mir schließlich so leid, dass ich es wieder sein ließ.

Ich verlegte mich damals auf Handtaschen, die sie leichter akzeptieren konnte, bis ich einsah, dass sie sich auch darüber nicht recht freuen konnte. Sie war zwar in der Lage, diese klar zu erkennende Annäherung zu verstehen, aber nicht sie gutzuheißen. Für sie war es Erpressung. Sie wollte sich nicht durch Blumen oder Geschenke zu einem Liebestun zwingen lassen.

Schon nach ganz kurzer Zeit unseres Ehelebens vermied sie von sich aus jeden Kuss. Wenn sie einen von mir bekam, wischte sie sich den sofort mit dem Handrücken von den Lippen. Bald ließ sie sich auch nicht mehr von mir küssen: „Ich bekomme keine Luft", sagte sie. Und wenn ich mich beschwerte, kam: „Ich wage es überhaupt nicht, dich anzufassen, weil ich genau weiß, wo das endet".

Mit meiner Antwort gab ich ihr zu verstehen, dass ich sie nicht ganz ernst nahm: „Das endet immer irgendwie und irgendwo".

Damals träumte ich davon, dass sie begreifen würde, dass ein Mann und eine Frau den Geschlechterkrieg einmal beenden können müssten. Meine Begierde nach ihr und mein Wunsch, sie zu lieben, waren aber so groß, dass ich alles in Kauf nahm. Trotzdem empfand ich es immer wieder als Kränkung, wenn sie meinem Willen so ungern nachkam und sich häufig dagegen sträubte. Ich nahm all das hin und sah meine Leiden als völlig normal an.

Heute sagt sie dazu: „Und mir hast du immer weismachen wollen, dass ich die Unnormale bin, dass ich die Bekloppte bin. Beschimpft hast du mich, wenn es nicht ging, und du wolltest sogar, wenn ich meine Tage hatte, denk nur daran".

Auf einen konkreten Fall bezogen hatte sie recht.

Ich sprach einmal mit einer anderen Frau darüber. Die hatte mir sehr zugesetzt, weil sie mehr als nur Gespräche brauchte. Ich hatte mich schließlich von ihr mit Hilfe meiner Frau, die damals zu mir hielt, befreien können.

Die andere Frau hatte gesagt, und das führte bei mir dazu, dass ich sofort einsichtig wurde: ‚Das? Wenn ich meine Tage hab? Find ich gut. Das manscht so schön'.

Ich weiß nicht, ob sie es wirklich so gemeint hatte. Ich war jedenfalls schockiert.

Immer wollte ich die Liebe erzwingen oder sie verhindern und hatte letzten Endes alles verdorben.

Die Pfirsichhaut meiner Frau und ihre köstlichen kleinen Brüste waren von mir dauernd ersehnte Aufenthalte. Ich dachte mir nichts dabei und fand mein Wünschen normal.

Wenn ich sie nur berührte, durchflossen mich Ruhe und Ausgeglichenheit. Es überkam mich das Gefühl von nur auf diese Weise erreichbarem Wohlbefinden. In meinem ganzen Leben hatte ich das in dieser Vollständigkeit und Tiefe nur bei ihr erleben können. Ich war auch sicher, es niemals auf eine andere Art zu erreichen. Es war das geheimnisvolle Übertragen von Kräften innerhalb von Sekundenbruchteilen. Das machte mich abhängig. Das wusste sie, das wusste ich.

Sie aber sehnte sich nach ganz anderem. Sie wollte zum Beispiel, dass ich sie mit ihrem Rücken in den Arm nahm. Das hätte ihre Begierde stillen können, das wäre für sie das höchste Gefühl der Zärtlichkeit gewesen. Das wusste ich aber nicht. Wie hätte ich das auch erfahren können. Immer wieder hatte ich gesagt, danach gefragt: „Was willst Du. Was soll ich tun. Wie willst du es haben".

Keine Antwort. Ihre Wünsch blieben verborgen. Ich erfuhr nichts. Über ihr Liebesleben sprach sie nicht. Erst jetzt, ganz zum Schluss, als deswegen böse Worte fielen, fing sie davon an: „Wie gerne hätte ich das gehabt. Aber diesen Wunsch hast du mir ja nie erfüllt. Wie sehr hab' ich mich danach gesehnt, aber immer wolltest du 'was anderes".

Das tat weh, das schmerzte sehr, das traf mich.

Tanja drängte sich wieder in den Vordergrund und sie und meine Frau tobten in meinen Kopf und stifteten Verwirrung.

Ich war ein wenig eingenickt, aber nicht fest eingeschlafen. Plötzlich war ich jedoch hellwach. Konnte nicht Tanja ebenfalls einen völlig irren Umgang mit Geschenken an ihre Liebhaber, oder vielleicht nur an ihren letzten, den Österreicher, haben? Das wäre doch wohl eine Frage wert. Die Mutter könnte das möglicherweise beantworten. Sie hätte das bestimmt mitbekommen. Vielleicht hatte sie es sogar mitfinanzieren müssen. Tanja hatte doch kein Geld und fremden Leuten Geld zu stehlen, hätte nicht zu ihr gepasst. Das traute ich ihr einfach nicht zu, das hätte nicht zu ihrer Art, Probleme zu lösen, gehört. Vielleicht hatte sie die Eltern 'mal bestohlen, um an Geld zu kommen. Das ginge, obwohl ich es auch für unwahrscheinlich hielt.

Konnte ich Tanjas Mutter deswegen anrufen? Ich schwankte lange. Dann erfand ich ein Glücksspiel. Ich würde es dreimal klingeln lassen, würde sie dann abnehmen, würde ich fragen, würde sie nicht abnehmen, hätte ich verloren. Alles in der Hoffnung, dass niemand sonst an den Apparat gehen würde. Dann müsste ich dumme Ausreden erfinden.

Es war inzwischen fast sechs Uhr abends geworden. Würde ich heute nicht mehr anrufen, könnte ich es morgen, am Neujahrstag, erst recht nicht wagen. Dann ergäbe sich erst wieder am zweiten Januar Gelegenheit dazu. Sicher wäre es sowieso besser, bis dann zu warten. Jetzt anzurufen war der reine Wahnsinn. Ich ging langsam und unentschlossen zum Telefon und wählte zögernd ihre Nummer. Es war frei. Ich ließ es klingeln.

Draußen, von der Straße, hörte ich immerzu die Böller knallen. Lauter als das aber glaubte ich mein Herz schlagen zu hören. Es läutete das zweite Mal, dann das dritte Mal.

Ganz schnell einmal noch, nur nach dieses vierte Mal, da... Sie war am Apparat: „Hier ist W.?"

„Liebe Frau W. hier ist ihr Nimmersatt. Eine Frage bitte, nur eine einzige bitte, ja?"

Sie verharrte einen Augenblick, dann sagte sie: „In Ordnung also eine Frage und eine kurze Antwort, ja?"

„Gut. Hat Tanja, falls Sie es wissen, ihren Verflossenen, oder ihrem Jetzigen übertriebene, verrückte Geschenke gemacht? Wissen Sie davon? Also ich geh' da zum Beispiel von Männern aus, die ihrer Angebeteten aufwendige Blumengeschenke oder Gestecke machen lassen. Können Sie sich so etwas von ihr vorstellen?"

Sie kreischte fast auf. Es war halb Entsetzen und halb wehmütige, wütende Abwehr des Gedankens: „Geschenke? Blumen? Ich weiß zwar nicht, wie Sie gerade darauf kommen, und ich kann es Ihnen jetzt auch nicht ausführlich beantworten, aber sie war und ist Spezialistin im Verschenken langstieliger Baccararosen. An ihre Verehrer. Ja! Nicht etwa umgekehrt. Nein, sie verschenkt die. Das muss ich Ihnen aber in Ruhe erklären. Geben Sie mir noch 'mal Ihre Nummer, ich ruf' Sie am zweiten Januar wieder an. Dann hab' ich Zeit dafür.

Das musste fast alles ich bezahlen. Wenn mein Mann das wüsste, fiele der in Ohnmacht. In der Beziehung, das habe ich Tanja selbst schon gesagt, ist sie eine richtige", und Tanjas Mutter wurde ganz leise am Telefon, „kleine geile Hexe. Also bis übermorgen".

Ich gab ihr schnell noch meine Nummer durch, dann hängte sie auf. Ich blieb sprachlos über diese Eröffnung am Telefon stehen. Sie verschenkte also rote langstielige Rosen, über jede Konvention hinweg, als Frau an den oder die Liebhaber. Das hätte ich wirklich allen Ernstes nicht erwartet.

IX.

„Es fing ganz harmlos damit an, dass Tanja ihre wohl erste und von ihr selbst sehr ernstgenommene Männerbekanntschaft gemacht hatte".

Tanjas Mutter, hatte sich wirklich wieder telefonisch bei mir gemeldet und war gleich in Redefluss geraten.

Sie erinnerte noch ganz genau, um was es mir ging und hatte eingangs gesagt: „Ich will versuchen, es so zu erzählen, wie ich es mitbekommen habe, und was ich so mitbekommen habe.

Also damals wohnte sie ja noch die meiste Zeit bei uns zu Hause und ich bemerkte, wie sie eines Tages am Küchentisch eine schmale Schachtel zu einem mindestens einen Meter langen Paket postfertig machte. Ich hatte in der Wohnung zu tun und kam nur ab und zu herein und sah eigentlich ganz beiläufig, wie sie sich abmühte und komische Dinge mit einer roten Rose machte. Es war eine dunkelrote Rose mit einem schönen Samtschimmer, der fast in Schwarz überging. Die Rose war wunderschön. Tanja versuchte sie wie für eine lange Reise zu verpacken. Während meines Hereinkommens in das Zimmer sah ich, was sie dafür alles anstellte.

Ich fragte sie: ‚Was soll das denn werden?' Sie antwortete nicht.

Als ich wieder hereinkam, war sie gesprächiger: ‚Die will ich verschicken, und sie soll ganz frisch, taufrisch', und das letzte Wort sprach sie ganz genüsslich und sehr langsam aus, ‚wie gerade geschnitten ankommen'.

‚Aha', sagte ich, ‚und wer ist die Glückliche?'

Sie schwieg wieder, und ich beobachtete ihr Tun nun immer genauer. Sie legte um die Rose der ganzen Länge nach Zellstoff, welches sie, als ob sie zu trockene Wäsche vor sich hätte, mit nassen Händen einsprengte. Das machte sie so lange, bis der Stoff richtig feucht war.

Als ich erneut hereinkam, sagte sie unvermittelt: ‚Es ist keine Sie'. Pause. ‚Es ist ein Er'.

Das hat mir die Sprache verschlagen.

Ich wiederholte: ‚Ein Er? Meinst du einen Mann?'

‚Ja, mein ich'.

‚Seit wann schenkt denn ein Mädchen einem Mann rote Rosen?'

‚Warum denn nicht? Ich lieb' ihn, und das soll er wissen'.

Ich wusste nichts zu antworten. Ich dachte auch darüber nach, warum das nicht in Ordnung war. Es war allein schon deswegen nicht in Ordnung, weil man das so herum eben nicht machte. Also, ich fand, dass der Mann dem Mädchen rote Rosen schenkt, aber doch nicht umgekehrt. Es war, abgesehen davon, auch selbstverständlich deshalb nicht in Ordnung, weil der Mann, wenn er rote Rosen verschenkt, doch damit seine Liebe, sagen wir es ruhig, symbolisch zum Ausdruck bringen will. Ja, er will dem Mädchen sagen, dass er es gerne körperlich lieben möchte und weist es so auf seine Männlichkeit hin. Man kann das auch direkter ausdrücken, aber Sie verstehen doch, was ich sagen will, oder?"

Ich hatte bis dahin aufmerksam zugehört und war eigentlich der gleichen Meinung. Ich sah es auch als Sache des Mannes an, als des Verliebten, rote Rosen zu verschenken und nicht umgekehrt. Überhaupt kannte ich es immer so, dass in Liebesdingen der Mann die Blumen verschenkt, um sich seiner Angebeteten zu offenbaren. Rote Rosen haben darüber hinaus auch für mich einen festgelegten Wert. Sie sind ein allen geläufiges Liebeszeichen. Eine einzige rote Rose entspringt einem ganz klaren Wunsch, nämlich die Person körperlich lieben zu dürfen.

„Ja das stimmt", sagte ich ihr durchs Telefon. Ich wollte aber nicht soweit gehen und ihr auch zugeben, dass ich in einem derartigen Geschenk, schon wegen der Gestalt einer roten Rose, das bildhafte heftigen Liebeswerbens erkennen musste.

Tanjas Mutter, hielt sich nicht lange dabei auf: „Ich hab' sie ganz naiv gefragt, was sie sich denn dabei denkt, wenn sie einem Mann eine rote Rose schenkt.

‚Mami', hat sie. gesagt, ‚das ist nicht einfach eine rote Rose, sondern das ist eine Baccararose. Das bedeutet für den, dem man sie schenkt: Liebe, Liebe, Liebe bis in alle Ewigkeit'.

Das sagte sie ganz ruhig, ja sie sang es fast. Es hörte sich gut an und war überzeugend.

Ich begann von vorne: ‚Was meinst du denn, was dein Verehrer sagen wird'.

‚Er ist nicht mein Verehrer'.

Sie sang das immer mehr, und ich musste mich hinsetzen, stand aber gleich wieder auf.

‚Er ist nicht dein Verehrer? Was ist er denn dann'.

‚Ich hoffe, dass er mich liebt'.

‚Wie bitte? Du weißt nicht einmal, ob er dich liebt, und dann schenkst du ihm diese Baccararose, oder wie die heißt?'

‚Ja, Mami. Weil ich möchte, dass er mich liebt'.

‚Du möchtest, dass er dich liebt. Weißt Du, wie wir das früher nannten?'

‚Ja, Mami, weiß ich, früher hätte es geheißen, dass ich mich ihm an den Hals schmeiße, ja?'

‚Das stimmt'.

Tanja summte vor sich hin: ‚Und heute heißt es, dass ich ihn mir nicht wegnehmen lasse. Die Konkurrenz schläft nicht. Und er ist zurzeit so weit weg, dass ich ihn nicht immerzu für mich interessieren kann. Ich muss doch etwas machen, verstehst Du? Früher hättet ihr auch gesagt, dass ich ihm nachlaufen würde. Stimmt's? Natürlich stimmt es, aber die Zeiten haben sich geändert, Gott sei Dank'.

‚Ist dir das nicht peinlich, ihm eine rote Rose zu schicken? Schämst du dich da nicht vor ihm?'

‚Warum sollte ich mich schämen. Ich weiß doch, was es bedeutet, eine Baccara zu verschenken, und er kann stolz sein, wenn er eine von mir bekommt. Direkter kann ich ihm meine Wünsche nur noch schreiben oder sagen. Er wird das wunderbar verstehen. Vielleicht kümmert er sich so nicht so sehr um andere. Kontrollieren kann ich ihn auf die Entfernung sowieso nicht'.

Sie hatte ihr Paket inzwischen fertig, beschriftet und zugeschnürt. Dann kam sie zu mir: ‚Hast du ein bisschen Porto?'

‚Was soll ich haben, Porto?'

‚Ja, ein bisschen Geld, damit ich es zur Post bringen kann'.

Sehen Sie, so fing das an. Ich fragte noch, wie heißt denn der Knabe.

Sie sagte: ‚Der ist kein Knabe. Du, der ist erwachsen'.

Ich ahnte Schlimmes.

Sie wieder: ‚Der wohnt nicht richtig hier. Den hab' ich auf der Durchreise kennengelernt. Das ist ein ganz süßer Typ. Leider verheiratet'.

Ich suchte nach einem Stuhl. Ich brauchte wieder einen Halt.

Das hatte ich zwar geahnt, damit gerechnet hatte ich aber überhaupt nicht. Immerhin, schoss es mir durch den Kopf, wird das wenigstens nicht von langer Dauer sein. Ich atmete schwer, holte mein Portemonnaie, und gab ihr Geld daraus.

Sie sagte: ‚Kannst dich abregen, das wird wegen seiner Frau doch nicht von langer Dauer sein. Das weiß ich aus Erfahrung. Die Frauen spielen meistens verrückt, und die Ehemänner kuschen dann. Aber er ist so süß, dass ich ihn anbeißen könnte. Er ist genau mein Typ'.

Ich fragte ganz langsam, weil ich vor der Antwort Angst hatte: ‚Wohin geht denn das Paket?'

‚Na, an ihn? Was dachtest du denn'.

Sie nannte mir dann den Namen des Mannes. Hab' ich aber vergessen.

Ich fragte weiter: ‚An seine Adresse?'

‚Ja, klar'.

‚Dann erfährt doch seine Frau davon'.

‚Ja, kann sie ruhig. Das haben wir so vereinbart'.

‚Was habt ihr vereinbart?'

‚Na, wohin wir uns schreiben, dass wir dann die richtige Postanschrift benutzen. Kann doch jeder wissen, dass wir uns lieben'.

‚Jeder? Und die Frau von ihm?'

‚Die auch, selbstverständlich. Das wäre doch unfair, wenn die nichts davon wüsste, schließlich ist sie doch mit ihm verheiratet, nicht?'

Nun frage ich Sie, verstehen Sie das. Ist das richtig von ihr, sich so rücksichtslos der Frau gegenüber zu benehmen?"

Ich war direkt gefragt, ich sollte antworten, obwohl ich gar keine feste Meinung dazu hatte.

Ich sagte deshalb: „Viele sehen vieles heute ganz anders, als man es mir und vielleicht auch Ihnen beigebracht hat.

Kann sein, dass es für die eine oder andere Ehefrau besser ist, Bescheid zu wissen, als die Betrogene zu sein. Man kann auch nicht wissen, wie die Verhältnisse in der Ehe sind. Möglich, dass die Frau ihn auch betrügt. Vielleicht, breiten sie sogar gegenseitig voreinander ihr Liebesleben aus. Man weiß das nicht. Tanja hat sich, finde ich jedenfalls, für ihr Alter ziemlich weit oben an einer bestimmten Altersgrenze orientiert, wenn der schon verheiratet war. Wissen Sie noch, wie alt der Mann war?"

„Die waren alle so zwischen fünfunddreißig und fünfundvierzig“.

„Alle?"

„Ja, alle, und dieser war ja nur einer der ersten in einer langen Reihe“.

Ich fragte nach: „Wie ging's denn weiter?"

„Na, sie hat ihr Paket abgesandt und nie wieder etwas von ihrem Typ gehört“.

„War sie traurig?"

„Nein , keinesfalls. Sie kam aber irgendwann zu mir und fragte wieder nach Porto.

Ich sagte: ‚Wieder Rosen?' Sie sagte nur: ‚Ja'.

Ich: ‚Baccara?'

‚Ja. Diesmal ist es aber anders'.

‚Anders? Heißt das teurer?'

‚Ja'.

Ich musste mich wieder setzen. Sie war ganz still. Sie beobachtete wohl, wie es in mir arbeitete.

Sie sagte: ‚Vielleicht kommst du drauf'.

‚Worauf soll ich kommen'.

‚Na, warum es teurer wird'. Ich kam nicht drauf.

‚Du', sagte sie, ‚ich hab' es die letzten Male...'

Ich dazwischen: ‚Male?'

‚Ja, ja, also ich hab' es die letzten Male nicht richtig gemacht. Ich hatte mir vorgestellt, wenn der die Blumen auspackt, und er weiß ja nicht, was in dem Paket ist, dann greift der doch als erstes in den nassen Zellstoff. Der kann sich in dem Augenblick ja gar nicht richtig freuen, weil er so viel ekelhaft Nasses auspacken muss. Das war völlig falsch von mir. Ich habe drüber nachgedacht. Und einer hat mich auch wissen lassen, dass das ganze Paket durchnässt war, und dass er den ‚ganzen Kram' gleich weggeworfen hat. Das fand ich nicht gut'.

‚Also, wie machst du's nun?'

‚Na, ganz einfach, ich beauftrage eine Firma, die eine Rose über die Städte hinweg ausliefert. Man kann ganz genau sagen, welche Rosenart man haben möchte und dass sie sie schön bindet und frisch anliefert. Das tun die auch'.

‚Kostet eben nur ein wenig mehr, ja? Tanja lass doch die ganze Rosenversenderei sein. Das ist doch weggeschmissenes Geld'.

Sie glauben es nicht, aber das hätte ich lieber nicht sagen sollen. Sie hat mit einer einzigen Handbewegung das ganze Porzellan vom Küchentisch gefegt, hat mich eine stinkige, geizige Kuh genannt, und ist ohne Mantel, so wie sie war, hinausgelaufen. Sie war Tage und Nächte nicht zu erreichen. Wir hatten keine Ahnung, wo wir sie hätten suchen sollen.

Sie tauchte aber ebenso plötzlich mit dem glücklichsten Gesicht von der Welt wieder bei uns auf. Meinem Mann hatte ich gar nicht erst von der Geschichte erzählt.

Er fragte sie aber, was denn losgewesen sei.

Sie fragte zurück: ‚Hat dir Mami nichts erzählt?'

‚Nein, nur dass Porzellan zu Bruch gegangen ist'.

Ich ging aber dazwischen, weil ich befürchtete, dass sie mit ihrem Drang zur Wahrheit, alles erzählen würde, und sagte zu ihm: ‚Das erzähl ich dir später, nun lass mal sein'. Er hat dann Ruhe gegeben.

Aber Tanja hat zu mir gesagt: ‚Die ganze Gesellschaft ist verlogen. du auch. Merkst du das eigentlich nicht?'

Glauben Sie, dass ich mich richtig erschrocken hatte und wie gelähmt dastand? Muss ich mir von meinem eigenen Kind so etwas sagen lassen? Aber ich antwortete nicht, weil ich wusste, dass sie recht hatte. Ja, ich habe mich richtig geschämt".

Ich fragte nach: „Ging die Geschichte denn trotzdem noch weiter?"

„Ja, aber es passierte nicht mehr viel, jedenfalls nicht mehr viel Neues. Tanja hatte inzwischen mitbekommen, dass beim Versenden ihrer Rosen über ein Unternehmen sehr oft ein völlig Falscher die Rose in Empfang nahm. Es kam nämlich meistens so, dass die Ehefrauen oder die Lebensgefährtinnen, an die Türen gingen. Die wunderten sich, dass die Sendungen an den Mann adressiert waren und hielten das häufig für eine geschickte Tarnung. Sie dachten, dass die Rose selbstverständlich ihnen von einem Verehrer zugedacht war.

So kamen sie gar nicht auf die Idee, dass es hätte anders sein können. Tanja ließ zwar mit ihrem richtigen Namen unterzeichnen. Das führte aber dennoch häufig dazu, dass ein Männername interpretiert wurde, Tankret, Tanko oder zum Beispiel Tamino, oder dass man das für einen raffinierten Einfall hielt. So blieb häufig den Männern das Wissen um die ihnen zugedachte Rose aus, auch weil die Damen das Kärtchen rasch entfernten.

Es hatte lange gedauert, bis Tanja das mitbekommen hatte. Sie dachte wieder über neue Möglichkeiten nach und verfiel auf eine andere Größenordnung. Nach ihrer Meinung lag das Problem darin, dass sie nur eine Rose versandte. Am liebsten hätte sie einen ganzen Strauß Baccararosen verschickt.

Sie erkundigte sich nach neuen Möglichkeiten und erfuhr, dass sie statt des angehängten Namenskärtchens auch einen Text mit aufgeben konnte. Das wurde noch teurer, weil ja auch der Text telefonisch durchgegeben werden, neu geschrieben und in einen Umschlag gegeben werden musste.

Für diesen Aufwand musste sie wenigstens den dreifachen des bisherigen Preises bezahlen. Dafür reichte ihr Geld aber bei weitem nicht mehr aus. Ihre Liebespost ging häufig einmal pro Woche raus. Sie sandte quer durch die Stadt, über Land und in andere Städte. Ihr Verschleiß an Männern war eben sehr, sehr groß.

Ihre Liebe zu den Männern war aber wahrhaftig, soweit ich das sehen und von ihr hören konnte. Wenn ich nämlich bedenke, mit welcher Standhaftigkeit sie immer wieder bei mir ankam, um sich Geld zu leihen: ‚Mami, das bekommst du garantiert alles von mir wieder. Bitte nur noch dieses eine Mal' und wieder und wieder: ‚Nur noch dieses eine Mal', dann überzeugte mich das.

Ich konnte nichts mehr sagen. Ich zahlte nur noch und hoffte und hoffte und hoffe immer, dass das endlich ein Ende haben würde. Können Sie das verstehen?"

„Ja, das verstehe ich gut". Das musste ich zugeben.

Tanjas Mutter wieder: „Und warum das ganze? Sie ließ darüber nicht mit sich reden, und mir fiel es schwer, ihr nicht zu glauben. Sie liebte die Männer und wollte sie glücklich machen, oder ich weiß nicht, was es sonst hätte gewesen sein sollen".

Aus dem, was Tanjas Mutter am Telefon erzählte, verstand ich gut, dass Tanja als Glücksbotin die Männer nicht erreichte, sondern dass sie fortwährend ihrem Glück, ihrem Liebesglück, hinterherlief. Und auch, dass sie die Mutter dauernd anpumpte, sich ihr irgendwie auslieferte, sich in ihre Schuld im wahrsten Sinn des Wortes begab und nicht, wie es zu sein schien, in die Abhängigkeit der Verehrer, bewies mir ihre große Hilflosigkeit.

Die Liebe, nein ihren Wunsch nach Geliebtwerden, versuchte sie durch die Umkehrung der normalen Verhältnisse zu erzwingen. Warum sollte eine Frau einem Mann keine Blumen schenken. Daran hätte doch niemand etwas auszusetzen gehabt. Aber eine Baccararose zu wählen, deren Versand in einer Eigenverpackung vorzunehmen, dann, als Steigerung davon, das Verschicken durch ein Blumenhaus durchführen zu lassen, und damit immer noch nicht genug, schließlich nicht nur eine einzige Rose, sondern einen ganzen Strauß, ohne große Rücksicht auf die Kosten, zu versenden, und das nicht nur an einen einzigen geliebten Mann, sondern an eine Reihe aufeinanderfolgender Liebhaber, stellte nicht die Liebhaber, sondern nur Tanja in den Mittelpunkt. Die einzige, die das im Zusammenhang hätte erkennen können, war die Mutter.

Tanjas Mutter erwartete keine große Meinungsäußerung von mir.

Ich fragte aber nach: „Hat der Österreicher denn auch schon Rosen bekommen?"

Darauf sagte sie nachdenklich: „Das kann ich nicht richtig wissen, denn erstens ist sie ja dauernd mit ihm zusammen, bis auf wenige Ausnahmen, und zweitens könnte sie ihm ja auch welche gesandt haben, ohne dass ich es weiß. Drittens aber, und deshalb bezweifele ich das, scheint sie diesmal ihre Taktik geändert zu haben. Ich sagte ja, dass sie ihn heiraten will. Also, wenn sie mich fragen, ist das nichts anderes, als derselbe Versuch; nur eben mit anderen Mitteln".

Dem wollte ich nicht widersprechen, weil ich genau das gleiche dachte. Es blieb ihr nicht mehr viel zu erzählen, so dass ich mich bei ihr für den Rückruf bedankte.

Ich sagte ihr für Tanja noch einmal meine Telefonnummer: „Nur für den Fall, dass sich eine Gelegenheit ergibt, sie ihr auszuhändigen".

Ich wagte es nicht, sie sonst noch um irgendetwas zu bitten. Am liebsten hätte ich sie immerzu gefragt, ob es denn wirklich dabei bleiben würde, dass sie mich weiterhin mit Nachrichten oder Neuigkeiten versorgen würde.

Sie sagte aber aus sich heraus: „Wenn mir noch etwas einfällt, oder ich etwas erfahre, melde ich mich. Ganz bestimmt. Ist Ihnen das recht?"

„Na, Sie wissen doch, wie recht mir das ist. Über wen oder wie sollte ich sonst etwas von ihr erfahren". Damit legten wir die Hörer auf.

X.

In der folgenden Nacht hatte ich einen Traum. Das besondere dieses Traumes war nicht nur, dass ich den Inhalt am nächsten Morgen noch sehr gut erinnerte, sondern auch der Inhalt selbst. Sicher, so sagte ich mir, haben Träume stets etwas Fremdes, häufig etwas sehr Unwirkliches. Dieser Traum war eigentlich ein doppelter Traum.

Er spielte sich in zwei völlig verschiedenen Ebenen ab. Ich wunderte mich überhaupt, dass ich einen solchen Traum hatte. Er hing mit Tanja und mir zusammen, obwohl im Gespräch mit Tanjas Mutter am Tage vorher nichts offengeblieben war. Mit meinen gestrigen Fragen und mit ihren Antworten war ich bestens zufrieden gewesen und hätte mich während des Schlafes nicht noch zusätzlich damit auseinander zu setzen brauchen. Das Gehirn arbeitet aber anders, und so hatte ich meinen Traum.

Wenn ich nun versuche, ihn so gut es geht, vorüberziehen zu lassen, dann finde ich leider keine richtigen Fragen und keine richtigen Antworten darin. Ich entdecke nicht, welche Bedeutung der Traum haben könnte. Ich versuche einzig deswegen, mich möglichst genau an alles zu erinnern, weil ich hoffe, dass er vielleicht dadurch deutbar wird.

In dem Traum erscheinen Tanja und ich.

Tanja befindet sich nicht in meiner Nähe. Wir sind, jeder für sich, allein. Tanja befindet sich auf einem mit hügeligen Wüsten überzogenen fremden Gestirn. Sie geht dort offenbar spazieren.

Ab und zu stochert sie mit dem Schuh im Sand herum und scheint sich zu langweilen. Auf gar keinen Fall wartet sie auf jemanden. Das kann ich deswegen wissen, weil ich mit den Gedanken von Tanja vertraut bin, Ihre Gedanken sind zugleich meine Gedanken. Meine Stimme ist in ihrem Kopf, ich denke ihre Gedanken. Körperlich bin ich jedoch weit entfernt von ihr.

Ja, sie langweilt sich. Sie ist auch etwas ängstlich und zugleich ein wenig wütend. Sie tritt mit dem Absatz ihres hochhackigen Schuhes in den Sand, so dass der nach vorne stäubt. Obwohl sie so hohe Schuhe trägt, versinkt sie damit nicht im Sand. Beide Schuhe bleiben immer auf der Oberfläche.

Meine Stimme in ihrem Kopf: ,Du, das gibt es doch gar nicht'.

Ihre Stimme in meinem Kopf: ,Das denkst aber nur du. Es gibt noch ganz andere Dinge, von denen du überhaupt keine Ahnung hast'.

Meine Stimme in ihrem Kopf: ,Was denn zum Beispiel?'

Ihre Stimme: ,Wirst schon sehen. Wirst dich wundern, bist doch Ingenieur, oder?'

Dabei springt sie ganz leicht nach oben und bleibt in halber Höhe im Raum stehen.

,Siehst du? Ich bin nämlich gewichtslos'.

Das erstaunt mich und ich versuche das gleiche. Ich klebe fest am Boden. Obwohl ich nicht bei ihr bin, versuche ich zu springen. Ich weiß, dass das deshalb nicht funktionieren kann. Ich bin ja nur in ihrem Kopf. Ich denke, sie hat mich reingelegt. Tanja bleibt, wo sie ist und lacht. Dann beginnt sie leise ein Lied zu summen. Ich selbst bin auf der Erde in einem Zimmer. Ich sitze an meinem Schreibtisch und denke: ,Ach, lass sie doch, schreib du deinen Brief. Der ist wichtig, der muss pünktlich sein'.

Ich habe alles zur Hand. Den Brief schreibe ich aber nicht mehr, weil er fertig auf dem Tisch liegt. Ich wundere mich und kann losgehen, um ihn einzustecken. Überall sind die Straßen leer. Es scheint auf meinem Weg zum Briefkasten nur Straßenecken zu geben. Hinter jeder ist gleich eine neue. Tanja habe ich vergessen.

Ich frage mich unentwegt, ob ich auch das Porto auf dem Umschlag habe.

Ja, es ist drauf.

Ich frage mich das wieder und wieder. Es ist immer noch drauf.

Ob ich etwas vergessen habe. Nein, ich habe nichts vergessen. Ob ich noch weiß, dass der Brief wichtig ist. Ja, ich weiß, dass der Brief wichtig ist. Ob ich ihn überhaupt geschrieben habe. Ja, ich habe ihn geschrieben.

Da ist der Briefkasten. Der Brief ist sehr wichtig. Ich schiebe ihn in den Schlitz und lasse los. Sofort weiß ich, dass der Brief kein Datum hat.

Ihre Stimme in meinem Kopf: ,Siehst du, dein Brief hat kein Datum. Das hast du vergessen'.

Ich greife sofort dem Brief nach in den Schlitz hinein und erreiche ihn nicht.

Tanjas Stimme in meinem Kopf: ‚Hab' ich dir doch gesagt, du wirst dich wundern'.

Hat sie das gesagt? Ja, sie hat es gesagt. Tanja sinkt langsam zurück auf ihren Boden. Sie nimmt Papier. Sie hat einen kleinen Bogen Papier in der Hand.

Meine Stimme in ihrem Kopf: ‚Was soll das denn werden?'

Sie antwortet richtig mit dem Mund: ‚Das wird ein Flugzeug. Ein Flugzeug aus Papier'.

Meine Stimme in ihrem Kopf: ‚Aber Tanja, du kannst doch gar kein Flugzeug aus Papier basteln. Das wird nie fliegen können. Da muss ich dir helfen'.

Sie spricht wieder: ‚Du kannst mir gar nicht helfen, weil du ja den Briefkasten beobachten musst, oder hast du das vergessen?'

Ich erschrecke und empfinde Panik: ‚Mein Gott, ich muss ja warten, bis der Postbote kommt, um mir den Brief herausgeben zu lassen. Ich muss ja das Datum nachtragen. Sie hat recht. Ich kann ihr gar nicht helfen. Ich kann nur immerzu auf den Briefkasten starren und auf den Postboten warten'.

Tanjas Stimme in meinem Kopf: ‚Du wirst dich noch wundern'.

Ich bin erstaunt darüber: ‚Warum Tanja?'

Ihre Stimme: ‚Weil meine Flugzeuge fliegen werden'.

Meine Stimme in ihrem Kopf: ‚Ach, Tanja, die können hier nicht fliegen. Es gibt bei dir doch gar keine Luft. Die Flugzeuge fliegen nur, wenn es auch Luft gibt'.

Sie spricht wieder: ‚Du wirst dich trotzdem wundern, du bist doch Ingenieur, ja?'

Meine Stimme: ‚Ja, das stimmt'.

Sie sagt: ‚Pass auf, dein Postbote kommt'.

Der Postbote war blitzschnell da, öffnete den Briefkasten und holte nur einen Brief heraus. Es war mein Brief. Ich wollte den Brief sofort haben und ihn ohne ein Wort aus seiner Hand nehmen, aber er wusste das.

Er sah mich schon so lauernd an, als ich danach greifen wollte und rannte sofort mit ihm los. Ich war auf der Straße so festgeklebt wie in Tanjas Kopf auf dem Gestirn. Als der Bote weit genug fort war, blieb er stehen. Bis dahin war kein einziges Wort zwischen uns gefallen.

Nun aber rief er mir zu: ‚Das haben Sie sich ja schön ausgedacht. Sie sind ein Briefedieb. Wissen Sie nicht, dass das verboten ist? Ich werde Sie anzeigen'.

Tanja rief von drüben herüber: ‚Siehst du wie schön sie fliegen?'

Sie hatte einen gewaltigen Berg von Papierflugzeugen gebastelt und stand oben drauf, ohne darin zu versinken. Die kleinen Flugzeuge stiegen eines nach dem anderen, von ihrer Hand ganz leicht angeschubst, in alle möglichen Richtungen auf. Sie stiegen langsam und blieben dann in einer Schräglage, andere ganz willkürlich im Raum über ihr stehen. Manchmal stieß eines gegen das andere, dann lachte sie.

Ich rief hinüber: ‚Ich muss dir erst einmal zeigen, wie man solche Flugzeuge bastelt, so können die doch gar nicht fliegen. Verstehst du das denn nicht?'

Sie summte und sang vor sich hin. Auch als sie sprach, sang sie: ‚Weißt du denn nicht, dass meine Flugzeuge schon lange fliegen. Sieh doch hin. Du solltest dich lieber um deinen Brief kümmern. Ist der nicht mehr wichtig?'

Mir fiel mit neuem Entsetzen der Brief ein.

Ich war jetzt wieder an meinen Schreibtisch und schrieb ihn ein zweites Mal. Der Brief lag aber wieder fertig vor mir. Ich wusste, dass diesmal nichts fehlte.

Diesmal machte ich alles richtig. Diesmal wollte ich alles richtig machen. Ich wollte deshalb kontrollieren, ob der wichtige Brief auch richtig ankäme und würde ihn selbst ausliefern. Ich machte mich zum Boten meines Briefes.

Tanja rief herüber: ‚Lass dir Zeit'.

Ich rief zurück: ‚Warte, damit ich dir zeigen kann, wie man ein solches Flugzeug richtig baut, deine bleiben ja im Raum stehen. Siehst du nicht, dass sie gar nicht richtig fliegen? Die steigen doch nur auf. Du musst auf mich warten, du musst'.

Sie sang ihr Lied: ‚Ja, ja, warten werde ich. Ich werde auf dich und deine Flugzeuge warten'.

Ich rannte los und rannte und rannte und traf beim Empfänger meines Briefes ein. Ich stand vor meinem Schreibtisch. Dort lag schon mein erster Brief. Er war abgestempelt und mit einem Eingangsdatum versehen.

Ich war schrecklich ungeduldig. Niemand saß am Tisch. Ich fragte laut nach dem Bescheid.

Nun saß ich hinter dem Tisch und sagte zu mir: ‚Sie müssen sich in Geduld üben'.

Ich stand vor mir und dachte über andere Wege nach, um an den Bescheid zu gelangen. Ja, ich kannte jemanden, der könnte mir helfen. Ich hatte immer noch einen Brief in der Hand.

‚Das', dachte ich, ‚ist der zweite Brief, den werde ich jemandem geben. Derjenige muss mir helfen'.

Ich rannte wieder los.

Es war niemand anzutreffen. Die Straßen blieben leer. Ich dachte an Tanja. Sie könnte mir helfen.

Meine Stimme in Tanjas Kopf: ‚Kannst du mir helfen, den Bescheid zu erfahren?'

Sie sang: ‚Ja, das kann ich'.

Meine Stimme: ‚Und. ?'

Ihr Mund: ‚Was und.'.

Meine Stimme in ihrem Kopf: ‚Wie ist der Bescheid'.

Sie: ‚Das weißt du doch'.

Ja, den Bescheid kannte ich.

Tanja: ‚Erst musst du für mich einen Brief schreiben, dann erfährst du den Bescheid, ganz gewiss'.

Ich saß wieder an meinem Schreibtisch und rief hinüber: ‚Also kenne ich den Bescheid noch gar nicht?'

Sie sang es ganz langsam: ‚Neihein'.

Ich war enttäuscht. Nun musste ich für Tanja den Brief schreiben. Der Brief lag aber wieder fertig auf dem Tisch. Ich wusste auch, dass es immerzu derselbe Brief gewesen war.

Ich rief zu ihr hinüber, ob sie an alles gedacht hätte.

Sie schüttelte ihren Kopf und sagte: ‚Nein, du weißt doch, dass du meinen Brief nicht geschrieben hast. Erledige das jetzt bitte. Aber richtig'.

Ich sagte leise: ‚Ja'.

Tanja sang herüber: ‚Mach' dich nun auf den Weg und besorge mir den Brief und gib mir gleich Bescheid. Du brauchst dabei keine Sorge zu haben, ich sage dir nachher die Lösung'.

Ich fragte zurück: ‚Welche Lösung?'

Sie, zu mir gewandt: ‚Na, ich denke, du willst deinen Bescheid haben, oder etwa nicht?'

Ich rief hastig zurück: ‚Doch, doch, ja, natürlich, selbstverständlich'.

Ich wusste nicht, wohin ich gehen sollte und blieb an meinem Schreibtisch sitzen.

Tanja sang ein neues Lied; ‚Ich bin allein auf meinem Mond, und kenne mich nicht auf ihm aus'.

Ich sah genau, dass sie die Wahrheit sagte. Niemand war mit auf dem Gestirn. Sie stand fast senkrecht zu meiner Richtung darauf. Der Himmelskörper befand sich unter ihr. Sie reichte sehr weit zu mir herüber, aber es wäre undenkbar gewesen, zu ihr zu gelangen. Ich hätte durch den Raum schweben müssen. Ich konnte aber nicht schweben. Das wusste sie. Sie konnte schweben.

Ihre Stimme war in meinem Kopf: ‚Es stimmt, Herr Ingenieur, ich kann schweben, Sie können nicht schweben'.

Sie kicherte und lachte.

Mir fiel ein, dass sie tätowiert sein müsste. Daran wollte ich sie erkennen. Das musste doch ganz leicht sein. Dann hätte ich den Bescheid. Ich sah hinüber.

Meine Stimme in ihrem Kopf: ‚Bist du tätowiert?'

Sie lachte: ‚Sieh doch nach. Aber das traust du dich nicht, nicht wahr? Dazu ist sich der Herr wohl zu fein? Mir willst du zeigen, wie ich Flugzeuge basteln soll und du selbst kannst mir nicht 'mal auf die Haut schauen'. Das hatte sie wütend und unbeherrscht gesagt. Dann ganz milde: ‚Ja, mein Lieber, ich habe Tätowierungen. Du hast geglaubt, die wären auf der Haut, ja? Du hast geglaubt die wären echt, ja? Hast du das? Sind sie aber nicht, sie sind alle auf der Jacke. Deswegen trag' ich sie'.

Die Jacke lag im Sand. Sie war übervoll mit Tätowierungen. So viele hatte ich vorher noch nie in meinem Leben gesehen.

Sie sang wieder: ‚Mach dir nichts draus. Hast du meinen Brief besorgt? Ja? Das ist lieb von dir'.

Sie schaute nun in den Himmel über sich. Der war tiefschwarz, als wäre er mit stumpfer Farbe ausgemalt. Es war kein Stern zu sehen. Davor standen Hunderte ihrer kleinen Papierflugzeuge fast ohne eine einzige Bewegung. Manchmal machte eines davon doch noch eine ganz kleine Restbewegung und stieß an ein anderes. Sonst aber waren alle in Ruhe. Es war ein seltsamer Anblick.

Tanja hielt ihre Hände übereinandergelegt und drückte sie in den Schoß. Sie schaute mit dem ganzen Gesicht direkt nach oben in die still stehenden kleinen Flieger. Die sahen nicht wie Spielzeug aus. Die sahen wie eine besondere Art von Sternen aus. Sie waren schneeweiß, aber sie blinkten nicht.

Tanja sagte: ‚Nach einer gewissen Zeit werden sie sich nicht mehr halten können'.

Ich wunderte mich und fragte von meinem Schreibtisch aus hinüber: ‚Nein? Warum denn nicht'.

Sie sagte: ‚Bist du dumm, dass du das nicht weißt?'

Ich rief noch einmal: ‚Ich weiß es wirklich nicht'.

Sie sagte: ‚Die müssen doch alle wieder zurück kommen, weil sie ja angezogen werden'.

Ich sah, dass zwischen ihren Schuhen und dem Sand wieder ein Abstand entstand, dass sie wieder schwebte.

Ich fragte: ‚Wirst du denn nicht auch angezogen?'

Sie: ‚Warum fragst du mich das? Ich bin ganz ehrlich, ich weiß es nicht'.

Ich rief zurück: ‚Das glaube ich. Aber jetzt will ich dir zeigen, wie man Flugzeuge bastelt, die nicht stehen bleiben, sondern richtig fliegen können; die später nicht wieder herunterkommen'.

Es war aber kein Papier da. Sie hatte alles Papier für ihre Flugzeuge verbraucht. Für mich war nichts mehr da.

Ich rief: ‚Gibst du mir noch Bescheid?'

Sie: ‚Deinen Bescheid?'

Ich: ‚Ja, bitte'.

Sie, ganz langsam: ‚Aber den habe ich dir doch gerade gegeben'.

Ich verstand das nicht: ‚Entschuldige, dann habe ich nicht zugehört'.

Tanja spielte und schaute gar nicht auf mich. Ich sollte also darüber nachdenken, was sie meinte.

Sie von drüben: ‚Kommst du nicht mehr drauf?'

Ich am Schreibtisch: ‚Doch, doch, einen Augenblick noch'.

Sie wieder: ‚Warte nicht zu lange. Gleich stürzen die Flugzeuge ab. Es muss gleich soweit sein'.

Ich fragte: ‚Ist das schlimm?'

Sie: ‚Für dich nicht, du hast ja keine gebastelt'.

Ich: ‚Aber für dich?'

Sie erklärte: ‚Wenn sie abstürzen, werden sie immer schwerer und, und das bitte ich dich mit ins Protokoll zu nehmen, sie werden auch immer größer. Sie werden mich erschlagen'.

Das konnte ich nicht glauben: ‚Da muss ich aber lachen, solche kleinen Papierdinger. Die lassen sich ja direkt am Himmel anzünden, dann sind sie alle weg'.

Ich saß an meinem Schreibtisch und sah nun, wie die Flugzeuge sich tatsächlich dem Gestirn zuwandten und ganz leicht und ganz langsam herunter schwebten. Es waren sehr viele. Sie blieben federleicht, das sah ich. Sie wurden nicht größer. Der Berg um Tanja wuchs aber an. Sie schaute immer noch nach oben, hielt ihr Gesicht den Papierfliegern entgegen. Nach und nach wurde sie davon, aufrecht stehend völlig zugedeckt. Es war nichts mehr von ihr zu sehen. Ihre Stimme in meinem Kopf: ‚Ich habe doch gesagt, dass du dich wundern wirst, Herr Ingenieur. Damit haben Sie wohl nicht gerechnet, oder?'

Von hier aus gesehen schneite es drüben und meine Stimme in ihrem Kopf sagte: ‚Das hab' ich auch schon gehört, dass Leute eingeschneit sind. So neu ist das nun wirklich nicht'.

Drüben blieb das Gestirn als eine große weiße Kugel, auf welche immer mehr Schnee fiel, unbeweglich stehen".

So hatte ich geträumt. Die Reihenfolge ist nicht völlig sicher, aber im großen und ganzen war es so. Wie sollte ich das nun deuten? Ich konnte und kann mir keinen Vers darauf machen.

XI.

Wenn es um Gerüche geht, bin ich empfindlich, sehr empfindlich. Der leicht bittere Geruch der Astern, die ich mir neulich in die Vase gestellt hatte, ging mir lange nicht aus der Nase. Schlimmer als bittere Gerüche sind die vermeintlich wohlriechenden Wässerchen, sei es ein Parfum, Rasierwasser oder eines dieser aufdringlichen Deodorants, wie sie manchmal von Männern gerne benutzt werden.

Es ist für mich eine persönliche Beleidigung, mir morgens von Kollegen die Hand zum Gruß geben lassen zu müssen und dabei genau zu wissen, dass ich mit diesem Händedruck auch die Reste ihres Rasierwassers abbekomme. Ich ekele mich schon im Voraus davor. Ich gehe dann sofort los, um mir erst einmal ausgiebig die Hände zu waschen. Als ebenso schlimm empfinde ich es, von einer geschminkten Frau einen Wangenkuss und somit den Duft ihrer Tagescreme, ihres Riechwassers oder was immer es sei, dauerhaft übertragen zu bekommen. Diese Cremes lassen sich nämlich nur sehr schwer herunter waschen. Manchmal werde ich sie über den ganzen Rest des Tages nicht wieder los.

Wenn in meiner alten Wohnung Blumen auf den Tisch gestellt wurden, kam es sehr häufig vor, wenn es ein gemischter Strauß war, dass eine Blüte darunter war, deren Duft mich störte. Ich konnte das eine ganze Weile ertragen und unterdrückte auch solange den Wunsch, diese eine Blüte ausfindig zu machen und sie oder den ganzen Strauß zu entfernen. Dann kam aber der Augenblick, dass ich es nicht mehr aushielt und ich mich auf die Suche machte.

Auch Wischlappen, die nicht mehr ganz frisch sind, hinterlassen auf den gewischten Tischen, Schränken, an den Stühlen, einen äußerst unangenehmen Geruch. Den ertrage ich überhaupt nicht. Als erstes entferne ich den Lappen und wische alle riechenden Stellen nach. Es gibt aber auch Düfte, die mich für alles entschädigen. Das sind Rosendüfte zum Beispiel, Meerluft, die nach Seetang riecht, und frischer Duft aus einer Backstube, oder der flüchtige Parfumgeruch einer vorbeigehenden Person, ja eigentlich der persönliche Geruch einer vorübergehenden weiblichen Person, den ich zu erhaschen suche und sofort wieder aus der Nase verliere.

Das sind für mich Erlebnisse, wahre Geruchssensationen.

Als ich meine erste Freundin hatte, damals war ich noch Schüler und legte mich mit ihr, zusammen mit anderen Schülern und Schülerinnen ins Gras, atmete ich diesen aufregenden Geruch des Mädchens ein. Er hat sich tief eingeprägt, er war ein Erdgeruch, etwas völlig anderes als ihn die anderen Mädchen an sich hatten. Es war ein Körpergeruch, der mich irgendwie betäubte, mir ein wenig die Besinnung nahm.

Später erfuhr ich von den anderen Mädchen: „Die wäscht sich ja auch nicht mit Seife, die riecht bestimmt nach ihrem eigenen Körper. Wahrscheinlich wäscht sie sich überhaupt nicht richtig. Wie widerlich", sagten sie noch dazu.

Mir war der Gedanke, dass der Geruch abstoßend sein könnte, gar nicht gekommen. Viel später dachte ich dauernd darüber nach, ob mich wirklich der Körpergeruch des Mädchens so verwirrt hatte. Dass es ihr Körpergeruch gewesen war, schien mir kaum noch zweifelhaft zu sein.

Zuhause war ich täglich auf der Suche nach irgendwelchen Gerüchen. Ich sagte dann, und das musste man mir schon ansehen: „Wonach riecht es hier bloß wieder. Hat jemand ein neues Rasierwasser oder so?" Häufig hatte meine Frau lediglich ein Gewürz gekauft, eine Flasche aufgemacht, oder kurz zuvor ihre Fingernägel vom Lack befreit und die Watte mit dem Lackentferner einfach in den Abfalleimer in der Küche getan. Ich öffnete dann den Eimer wieder, angelte die Watte heraus und brachte sie nach draußen in den großen Mülleimer.

Einer der schönsten Gerüche, an die ich mich erinnern kann und die mich noch nie enttäuscht haben, ist der Geruch von frisch gewaschenem Frauenhaar. Die Haare dürfen noch nicht mit irgendwelchen Mitteln bearbeitet sein, sondern sie müssen gerade getrocknet sein und kurz vor der Frisur stehen. Dieser Geruch könnte mir wirklich die Besinnung stehlen. Solch einen Geruch muss ich mir dosieren. Ich darf nur einmal, höchstens zweimal in die Haare hineinriechen, dann muss ich mich zwingen, aufzuhören. Mir wird sonst schlecht davon. Ich halte das für ein ernstes Anzeichen einer Ohnmacht. Darin bin ich mir sicher. Ich weiß allerdings nicht, woher ich diese Überzeugung nehme.

Gerüche haben eine völlig eigene Welt. Gerüche lassen sich nicht in ihrer Wirkung kontrollieren. Gerüche lügen auch, denn alle Menschen lieben ihren Eigengeruch, und der kann doch für andere sehr schlimm sein.

Tanja erlebte im letzten Juni einen Sommer, der allen, die viel im Freien sein durften, in wohliger Erinnerung geblieben ist. Tanja hatte an einem dieser schönen Tage viel vor. Sie war rechtzeitig aufgestanden und hatte sich einen Spickzettel zum Einkaufen gemacht, der war lang und zwang sie, wenn sie alles, was darauf stand, auch wirklich besorgen wollte, bereits im Vorwege darüber nachzudenken, wo sie günstiger weise beginnen sollte. Eigentlich, entschied sie, hatte sie sich zu viel vorgenommen, denn so wichtig war das meiste gar nicht. Hinzu kam, dass sie auch noch einen Arzttermin einhalten musste und noch vormittags, vor zwölf Uhr also, bei der Reinigung gewesen sein musste. Die Sparkasse machte auch schon um zwölf zu. Dorthin wollte sie zuerst gehen. Da die aber erst um neun Uhr aufmachte, was ihr zum Glück noch einfiel, konnte sie mit einem Marktbesuch beginnen. Das erleichterte sie, denn dazu hatte sie Lust. Sie ging buchstäblich frohen Sinnes und leichten Herzens, nein, ausschauhaltend, irgendwie nach Leben, aus der Tür. Gleich dahinter, noch auf der obersten Stufe, dem Treppenabsatz, bemerkte sie einen Duft, der ihr warm, lieblich, bekannt, erinnerungsvoll, süß und liebkosend in die Nase stieg. Sie war im Augenblick überrascht über die Plötzlichkeit, mit der sie ihn empfing und war entzückt darüber, dass sie ihn kannte, auch wenn sie nicht wusste, woher er kam und sich nicht so genau erinnerte, dass sie hätte sagen können, was es genau war.

Sie schloss die Augen. Sie ließ ihre Tasche los. Die glitt lautlos an ihren Beinen hinab und fiel mit einem leisen Geräusch auf den Treppenabsatz. Tanja streckte der Sonne das Gesicht entgegen, und den Hals reckte sie soweit es ging nach oben, um dem Duft möglichst nah zu sein. Sie sah aus und fühlte sich als ein Katzentier, das sich unter seinem Fell streckt. Sie genoss die laue Luft und sog sie durch die Nase immer und immer wieder ein. Sie blieb eine geraume Zeit stehen, dann wurde sie neugierig auf den Ursprung und dachte einige Sekunden, dass es Rosen hätten sein können. Dann musste sie aber über sich lachen, denn sie stand direkt unter dem großen Fliederbusch vor dem Haus, durch dessen Zweige die Sonne bis auf ihre Haut gelangte. Das gefiel ihr, das war Leben, das war Genuss, das war Eitelkeit, denn das war ein Augenblick, der nur ihr gehörte, das war auch Befriedigung durch etwas, was sie stets mit wohligen Düften verbunden hatte, das war Geborgenheit, das war Ausruhen im eigenen Schoß. Sie wusste und spürte es.

Ihr Gesicht empfand aufsteigende Wärme, die kam nicht von der Sonne, sondern die war das Erröten, welches aus einer mädchenhaften Scham entstand. Tanja lieferte sich diesem Gefühl, diesem Bewusstsein, zu erröten, ganz und gar aus und überließ sich auch einer gleichzeitigen Willenlosigkeit.

Sie lehnte sich mit dem Rücken an eine halb hohe Wand, und beugte den Kopf noch weiter in den Nacken und den ganzen Rücken noch weiter über die kleine Mauer, ja gefährlich weit zurück. Ihre Geschmeidigkeit tat ihr gut, und sie stand fest.

Dann, einer Eingebung fast zu heftig folgend, hatte sie Angst davor, beobachtet zu werden, und kam ruckartig wieder nach vorne. Sie blickte sich vorsichtig und misstrauisch nach allen Seiten um und gewahrte niemanden. Wer hätte jetzt auch zuschauen können. Das Haus war leer, im Nachbarhaus gab eine Klavierlehrerin Unterricht, und die im Takt angeschlagenen Töne gaben diesem Augenblick eine gewisse Härte und Lächerlichkeit.

Tanja dachte: ‚Könnte die nun nicht ihre Schüler einmal etwas Passendes spielen lassen? Aber woher soll die das wissen'. Niemand sah ihr zu.

Manchmal fuhr ein Auto vorbei.

Es war das Gezwitscher einer versteckten Amsel zu hören, das hastige Geflatter und Vorübereilen von kleinen Blaumeisen zu beobachten. Alles gehörte zusammen, alles war eine Gemeinsamkeit, die Tanja wahrnahm.

Sie ging vorsichtig bis an die Vorderkante der Stufe und sog den Duft des Flieders aus nächster Nähe ein.

Sie schloss die Augen dabei, als erwarte sie einen Kuss, und schien sogar ihren Mund wie zu einem Kuss zu formen.

Die Arme hingen an ihr herab und waren in den Ellenbogengelenken ganz leicht angewinkelt. Die Hände hielt sie kaum merklich nach vorne gestreckt, als wollte sie den zu Küssenden gleich mit ihren Armen umfassen. Sie öffnete die Augen wieder und blickte ganz nah vor sich in die kleinen Blüten. Es war kein Doppelflieder, sondern ein einfacher, blauer Flieder.

Der Duft erinnerte sie an Honig und mit dieser Erinnerung fiel ihr auch ein, dass sie als Kind die einzelnen Blüten abgezupft hatte, um durch die dünnen Röhrchen an der Abrissstelle mit der Luft, die sie einsog, den Hauch von süßem Blütenstaub, sie nannten ihn auch Honig, zu erhaschen. Jede Blüte gab nur einmal den Honig her. Das wusste sie. Sie zupfte sich nun eine der Blüten ab und empfing mit der eingesaugten Luft die ganze Süße und Wärme dieser Blüte. Ja, so war es damals gewesen. So erinnerte sie es. Damals war es ihr genug gewesen, stellte sie fest, heute blieb dieses Sättigungsgefühl aus. Was sie bekam, war nicht genug. Es reichte ihr nicht.

Sie dachte über eine Steigerung des ganzen nach. Sie vergaß, was sie sich für diesen Vormittag alles vorgenommen hatte und wurde empfindlicher in ihrem Gefühl und in ihrem Verlangen. Sie dachte mit Begriffen, die ihr selbst fremd waren.

Sie dachte daran, wie sie durch Zerstörung Steigerung erreichen könnte. Sie dachte nicht mehr liebevoll an den Flieder als an ein Geschenk, wie zu Anfang, sondern es war ihr, als hätte sie einen Feind vor sich, dem sie die Schätze, die er hütete, mit einer List entreißen müsste. Sie schlich mit den Augen um die Blütendolde, sah ganz scharf bis auf den Boden der Blüten und empfand die verborgene Pracht darin als deren stolze Haltung. Ihr kam es vor, als wollte die Dolde ihre Unnahbarkeit beweisen.

Ja, der Flieder reizte zu gehässigem Tun.

Sie wusste dennoch nicht, wie sie es anstellen sollte. Allein zu zerstören, war nicht die Absicht, sondern dabei eine Befriedigung bis ins Verrückte zu bekommen, war ihr Verlangen, und das wuchs mit jeder Sekunde. Ihr Gesicht war heiß, und die Wangen schienen mit einer zweiten Haut überspannt zu sein. Der Duft des Flieders hatte ihr von jeher das Gefühl des Übermutes, der Zügellosigkeit und der Verwirrung vermittelt. Neu war für sie, dass sie diesmal darauf einging und es mit dem Flieder treiben wollte.

Ja, so empfand sie es: ,Diesmal, Flieder, will ich es mit dir treiben. Wenn ich nur wüsste, wie'.

Sie ging eine Stufe hinab, ohne die Dolde aus der Nähe ihres Gesichtes zu entlassen, indem sie sie einfach mit sich hinunterzog. Sie blickte aus den Augenwinkeln kurz umher, ob es noch andere Dolden gäbe, die günstiger stünden, aber das war nicht der Fall. Sie erfasste jede Kleinigkeit genau. Sie sah auch die braunen, hässlichen, vertrockneten, gefährlich spitzen Stengel, die noch von den Blütendolden des Vorjahres neben den diesjährigen standen. Sie ließ sich davon nicht irritieren.

,Ihr hättet euch voriges Jahr melden sollen', dachte sie. ,Pech für euch. Dies Jahr sind eure Geschwister dran'.

Noch einmal sog sie an einer gezupften Blüte.

Das war eine neue Aufforderung an sie, das war eine neue Verführung. Sie hatte inzwischen die Dolde noch weiter herangeholt und führte die Nase direkt in sie hinein. Dann schob sie die Dolde an der Nase entlang und über ihre Haut und bemerkte, wie angenehm warm und weich sie das blaue Blütenmeer umspülte. Eine Brandung ganz besonderer Art lief über ihre Wangen und verebbte in jedem Augenblick, in welchem sie die Dolde anhielt. Sie machte die Bewegungen ganz langsam und hielt den Zweig mit spitzen Fingern fest.

Es reichte ihr nicht.

Mit ihren Blicken suchte sie nach anderen Möglichkeiten. Sie erkannte beim Umherschauen, welche Blütendolden insgesamt einen etwa gleichen Abstand zu ihrem Gesicht hatten. Sie ließ ihre Dolde los, ging hinter das Haus und kam mit einer kleinen Harke wieder zurück. ‚Jetzt krieg ich euch', dachte sie, ‚und wenn ich euch dabei abreißen muss'.

Sie trat auf ihre Tasche und wuchs dadurch um einen kleinen Zentimeter. Mit der kurzen Harke erfasste sie einen Zweig nach dem anderen und schob ihn sich in den linken Arm. Der hielt sie fest. Es fielen Blätter zu Boden und sie dachte: ‚So ist das, wenn ich jemanden blutig liebe'.

Sie hörte wie zwei oder drei der dünnen Äste beim Heranholen anrissen und viel weiter unten den nächsten größeren Ast anbrachen.

‚Das ist gut', dachte sie, ‚das will ich dir antun. Leide unter mir, Flieder'.

Sie hatte wohl zehn oder zwölf Dolden in ihrem Arm und holte immer noch neue heran. Dann waren keine mehr zu erreichen und die untersten rutschten schon wieder heraus. Mehr konnte sie nicht halten und sie merkte, wie sehr sie das anstrengte. Sie ließ die Harke fallen, hielt nun alles mit beiden Armen fest und schaute aus geringster Entfernung auf die blaue Pracht. Sie spürte Gewalt über sich kommen und hasste und liebte die Blüten zugleich.

Sie biss mit einem kurzen Ruck die ersten Blüten von der am weitesten hervorstehenden Dolde ab. Sie wusste, dass das nicht süß schmecken konnte. Sie wusste, dass der Baum sich so wehren würde. Das fand sie richtig. Das fand sie gut. Das gefiel ihr.

Bitter sollte der Geschmack sein. Richtig bitter wollte sie es erfahren. Sie spuckte und prustete alles sofort wieder aus ihrem Mund heraus und biss gleich erneut zu. Diesmal richtig tief hinein. Sie erfasste aber nicht so viele Blüten wie das erste Mal und spuckte auch diese sofort wieder aus.

Der Geschmack war jetzt so bitter, dass sie beinahe losgelassen hätte. Ihre nächsten Bisse gingen überall hin und sie hätte sich fast selbst in den Arm gebissen. Sie biss und spuckte als ein böswilliges Tier.

Sie spürte, wie eine heftige Übelkeit in ihr aufstieg und dass sie aufhören müsste. Einen weiteren Biss würde sie nicht mehr schaffen. Sie hielt die Dolden aber weiter fest und ihr Gesicht darin verborgen. Sie überlegte, ob sie aufgeben sollte.

Sie sprach zum Baum: ‚Du behältst recht. Deine Bitterkeit wird mir zu groß. Das bleibt aber ein Geheimnis zwischen dir und mir. Es bleibt ein Geheimnis und vergiss nicht, dass ich jederzeit wiederkommen kann'.

Sie ließ alles los. Viele Dolden schnellten, befreit von ihr, nach oben und zur Seite weg. Einige hingen entblättert oder abgebrochen schräge herab. Blätter fielen dabei noch zu Boden und auf die, die dort schon lagen.

Tanjas Blick blieb an kleinen dunklen Punkten auf den Steinplatten, den Gehwegplatten, hängen. Sie sahen nach einer Flüssigkeit aus, die gerade aus dem Baum herauszutropfen schien. Tanja ging die Stufen ganz hinunter und tastete vorsichtig mit dem rechten Zeigefinger hinein.

Sie hob den benetzten Finger vor ihre Augen und konnte es nicht glauben: ‚Das ist ja Blut, ‘ dachte sie, ‚der Baum kann doch nicht bluten'.

Sie sah nach oben und entdeckte, dass einige der Dolden ebenfalls blutverschmierte Blüten hatten. Über einige der Spitzen schien ein roter Schwamm Farbe verschmiert zu haben. Sie zuckte zusammen. Das konnte nur ihr eigenes Blut sein. Als sie den Kopf wieder senkte, um erneut nach unten zu schauen, tropfte es von ihrem Kinn herab auf einen Stein.

Sie empfand Scham. Sie fühlte sich als ertappte Verbrecherin. Sie entdeckte immer mehr neue Blutstropfen: auf den Steinen, in den Blüten, an ihren Händen und schließlich auch noch auf ihrer Bluse. Sie stürzte zurück zur Eingangstür, schloss auf und stand auch schon vor dem Spiegel. Sie sah aus, als hätte sie eine Schlachtung ihres eigenen Leibes vorgenommen. Von der Nase an waren ihr Kinn, ihre Wangen blutverschmiert. Am Kinn klebten noch angetrocknete Reste und aus einer Stelle ihrer Haut, zwischen Unterlippe und Kinn quollen dicke Tropfen dunkelrot hervor. Sie konnte sich das nur durch einen der ausgetrockneten Stängel der Vorjahresdolden erklären. Der musste ihr während der Toberei in die Haut gefahren sein. Wahrscheinlich blutete sie bereits seit dem ersten Biss.

‚Das ist gut', sagte sie zu sich, ‚das geschieht dir ganz recht. Das bist du dem Flieder also wert gewesen'.

Sie empfand es als Genugtuung, und es war die Befriedigung, die sie sich gewünscht hatte.

Sie begann sich gründlich zu reinigen. Dabei entdeckte sie an ihrem linken Unterarm tiefe Ratscher, die bluteten ebenfalls und begannen zu brennen. Sie erinnerte sich an einen Schmerz, den sie beim Loslassen der Zweige verspürt hatte.

Sie überklebte die Stellen an Mund und Arm mit mehreren kleinen Pflastern. Sie musste sich umziehen und die Bluse gleich ins Wasser stecken. Es musste kaltes Wasser sein, das wusste sie.

Sie dachte an den Flieder draußen: ‚Da ist wohl nicht viel zu machen'.

Nachdem sie mit ihrem Äußeren wieder einigermaßen zufrieden war, zog sie eine frische langärmlige Bluse an.

Sie ging hinaus, fegte die Blätter zusammen und tat sie in den Mülleimer. Die abgeknickten und blätterlosen Zweige waren stumme Zeugen ihrer Wilderei. Die ließ sie, wie sie waren.

Nun erst ging sie zum Einkaufen.

Sie vergaß den Zettel. Den hatte sie aus der Hand gelegt, und, das erinnerte sie, er war ganz feucht, auf dem Waschtisch festgeklebt, liegengeblieben.

Sie brachte nach etwa einer Stunde die leere Einkaufstasche wieder zurück, legte sie in der Küche auf einen Stuhl und ging, ohne eine Nachricht zu hinterlassen, aus dem Haus. Sie hatte gar nichts erledigt.

Für die nächsten Tage und Nächte blieb sie verschwunden.

XII.

Tanja hatte eine Bleibe. Die war folgendermaßen entstanden: Wenn Tanja unbedingt einkaufen musste oder wollte, dann ging sie am liebsten auf den Markt. Ihr gefiel das Treiben dort. Sie konnte den Leuten zuschauen, und selbst in den Sommermonaten, wenn sie mit ärmelloser Bluse dorthin ging oder sogar nur mit einem schwarzen Trägerhemdchen bekleidet an den Ständen vorüberging, hatte noch niemals jemand sie länger als eine halbe Sekunde wegen ihrer Tätowierungen betrachtet. Von den Händlern war auch der eine oder andere selbst tätowiert. Außerdem liefen dort derartig viele verschiedene Gestalten herum, dass sie einfach nicht auffiel. Wenn ihr jemand wirklich ernsthaft nachsah, oder sie direkt musterte, dann war es immer wegen ihrer gewagten Hemden, die an den Seiten, wo der Armausschnitt war, einen keuschen Einblick auf ihre Brüste freigab. Ja, wenn sie sich nur wenig bückte, sah man ganz genau und fast ohne Verdeckung, ihren schönen Oberkörper. Ihre wirklich hübschen Schultern gehörten auch dazu, vor allen Dingen, wenn 'mal ein Träger herunterrutschte. Den ließ sie dann so, und die Blicke, die ihr galten, schmeichelten ihr sehr. Das genoss sie, das war Gehen im Sonnenschein, das streichelte ihre Eitelkeit. Sie sah nämlich, wie einige Frauen neidvoll auf das blickten, was sie zeigen konnte, auf das, was sie als Frau hatte. Die Verkäuferinnen hinter den Ständen gehörten nicht dazu. Die kannten Tanja und hatten auch ihren Namen parat. Von denen wurde sie manchmal beiläufig sanft, voller Zärtlichkeit, oder laut, dass sie es ja nicht überhören konnte, angesprochen: „Hallo, Tanja". Sie antwortete dann: „Hallo".

Was Tanja nicht wusste und was ihr immer verborgen bleiben würde, war die ungewöhnliche Ausstrahlung ihres Gesichtes, dieser Sonne, die sie mit sich herumtrug und die jeden berührte.

Sie war nicht im Sinne eines hübschen Mädchens schön, sondern sie vermittelte anderen das Gefühl, dass sie, Tanja, scheinbar nur vorüberkam, um diesen einen Tag in diesem einen Augenblick nur für diese Menschen zu erhellen, um, als eine Märchenfee, Glücksgefühle in die Herzen dieser Menschen zu streuen.

Frauen erkannten das schnell, sie erfuhren es bewusster als die Männer. Sie scheuten sich deshalb nicht, Tanja nach ihrem Namen zu fragen und sie zu grüßen.

Die Männer hinter den Ständen schauten, wenn ihr Blick das Mädchen in dem Menschengetümmel erfasste, fast scheu hinter ihr her und empfanden etwas väterlich Beschützendes für sie, ja schon ein wenig scheues Nichtstörenwollen. Keiner von denen hätte sie jemals direkt angesprochen. Nur wenn sie wirklich kam, um einzukaufen, machten sie ihr ganz leise zugeraunte Niedrigstpreise.

Tanja bemerkte so etwas sofort, dachte aber: ‚Das sagt der nur deshalb so leise, damit seine Alte das nicht hört‘.

Sie dachte dann nicht weiter darüber nach.

Die Frauen der Verkäufer hatten aber die besten Ohren der Welt, und was sie nicht hörten, das wussten sie bereits, bevor es ausgesprochen war. Denen konnte niemand etwas vormachen. Sie wussten auch, mit der Eingebung von Frauen, dass hier etwas fast Heiliges ihren Männern begegnete, was zu stören ihnen einfach nicht erlaubt war.

So zog Tanja ihre Sonnenscheinkreise über den Markt.

Einmal nun sah sie, wie eine alte Oma, mit einem dreirädrigen Stützwagen, den sie wegen ihrer Gebrechlichkeit vor sich herschob, vor einem der Einkaufstische stand und ewig lange in ihren Taschen herumkramte.

Tanja beobachtete sie. Die Oma kam mit dem Geld nicht zurecht und reichte schließlich der Verkäuferin das ganze Portemonnaie hinüber. Die hatte Tanja längst entdeckt und ihr kurz zugenickt. Tanja hatte zurückgenickt, war dann stehen geblieben und schaute ohne jede Absicht zu.

Der Oma fiel eine Tüte aus der Hand.

Tanja wollte nicht eingreifen. Sie dachte gar nicht daran.

Es rollten ein paar Äpfel auf die Straße und einer rollte ihr zu Füßen und blieb dort liegen. Tanja sah hinunter und bückte sich nicht.

Sie überlegte: ‚Was wird das nun wohl wieder werden. Jemand‘, dachte sie, ‚schickt mir ein Zeichen‘.

Als sie hochschaute stand die Verkäuferin vor ihr. Die bückte sich sofort und hob den Apfel auf. Es schien der letzte aus der Tüte gewesen zu sein. Fast gleichzeitig kam die Oma heran gehumpelt und stand nun ebenfalls vor ihr.

Die sagte: „Danke", zu Tanja.

Sie wollte gerade antworten, dass sie nicht geholfen hätte, aber es schien, als ob die Verkäuferin ihr, Tanja, mit dem Aufheben des Apfels einen Dienst hätte erweisen wollen, ihr, Tanja, hätte zu Diensten gewesen sein wollen. In den Augen der Verkäuferin, in dem Blick, mit dem sie Tanja anschaute, lag eine unendliche Unterwürfigkeit, viel Liebe und sehr viel Hingabe.

Tanja erschrak darüber so, dass sie etwas verlegen lächeln musste. Das wiederum gab ihrem Gesicht, den Ausdruck, um dessentwillen alle sie so liebten. Die Verkäuferin erstrahlte unter diesem Licht. Eifrig trompete sie der Oma ins Ohr: „Das ist Tanja".

Tanja dachte: ,Schwerhörig ist die Alte auch noch'.

Die Oma sagte: „Sie kennen das Mädchen?"

„Ja", antwortete die Verkäuferin, „das ist Tanja!"

„Du bist sehr hübsch, mein Kind. Du bist ein sehr hübsches Mädchen, Tanja. Das weißt du sicher. Ja, sehr hübsch. Wenn ich, als fast Blinde das sehe, dann musst du sehr, sehr hübsch sein".

Die Augen der Verkäuferin leuchteten auf, bei den Worten der alten Frau. Da rief jedoch eine Männerstimme ganz barsch nach ihr. Sie ging sofort zu ihrem Stand zurück. Noch im Weggehen ließ sie den Blick kaum von dem Mädchen. Tanja kannte das und kümmerte sich nicht weiter darum.

Die Oma sagte: „Na, dann fass den Kram an und komm. Schönheit vergeht, und arbeiten müssen wir alle. Hier nimm mein Portemonnaie. Wir müssen noch mehr einkaufen".

Damit stützte sie sich auf ihren Wagen und schob los. Die Taschen standen zu Tanjas Füßen. Sie wusste nicht wie ihr geschah. Dachte die Alte etwa, sie wäre deren Kofferträgerin oder so ähnlich?

Sie rief hinterher: „He, Oma, warten Sie".

Die achtete aber nicht auf sie, sondern schlurfte voran und brauchte schon wieder Geld zum Bezahlen.

Man hörte sie rufen: „He, Tanja, trödle nicht. Du bist ja noch langsamer als ich. Komm, mein Kind, bezahl". Damit ging sie weiter.

Tanja nahm die Taschen auf, ging an den Stand, wurde mit der größten Freundlichkeit von der Welt von der Verkäuferin begrüßt, zahlte, steckte den unbekannten Inhalt in eine der Taschen der Oma und folgte der. Die kam wirklich nur sehr langsam voran und Tanja zog mit den Taschen hinter ihr her.

Sie holte sie ein und rief: „Ich bin nicht Ihre Kofferträgerin".

Die Oma hatte das gehört und ihr geantwortet: „Ohne Arbeit keinen Verdienst, ist doch einfach, oder? Als ich jung war, aber ich war nicht so schön wie du, hab' ich mir nichts dazuverdienen dürfen. Meine Eltern hätten mich sofort in ein Kloster gesteckt. Sei froh. Heute ist das alles anders. So, ich muss noch bisschen Fleisch einkaufen. Magst du Bratwurst?" Tanja war sprachlos: ‚Die Alte hat die fixe Idee, dass ich ihr wirklich wegen Geld helfen will. Soll sie von mir aus. Hunger hab ich auch bald'.

Dann dachte sie: ‚Hoffentlich wohnt sie nicht so weit, dass ich nicht Gummiarme bekomme'.

Die Oma unterhielt sich ab und zu mit ihr: „Die Marktfrau kannte dich wohl?"

Jemand rief herüber: „Hallo Tanja!" Sie antwortete: „Hallo".

Die Oma wieder: „Die kennen dich wohl alle hier, oder?"

„Das ist wegen meiner Tätowierungen", sagte Tanja.

„Wegen was?" fragte die Alte.

„Na, wegen der Tätowierungen".

„Wo hast du die denn".

Die Alte machte keinerlei Anstalten danach zu suchen und drehte sich auch nicht nach Tanja um. Die war immer einen halben Meter hinter ihr.

„Ihr jungen Mädchen habt nur dummes Zeug im Kopf. Jetzt tätowiert ihr euch schon. Kann man das wieder abwaschen? Ist auch egal. Kann ich mit meinen Augen sowieso nicht mehr sehen. Wirst noch merken, die einfachste Methode ist immer die beste".

Tanja war nicht neugierig auf die einfachste Methode, aber dass die Alte sich nicht weiter für ihre Tätowierungen interessierte, überraschte sie sehr.

Sie dachte: ‚Immerhin ist das doch wenigstens etwas Besonderes. Welches Mädchen ist schon tätowiert? Wahrscheinlich hält sie das für irgendeine Modeerscheinung, so, wie die Weiber sich die Fingernägel schwarz lackieren oder irgendwelche Körperteile glatt rasieren. Hab' ich auch schon gemacht. Hab' mir mal alle Harre um die Scheide wegrasiert. Das erzähl ich der aber nicht. Außerdem war das saudumm damals. Erstens sah es nicht gut aus. Es wurde alles rot. Und zweitens, als die Haare nachzuwachsen begannen, haben sie in die Oberschenkel gepiekt. Ich musste mich dauernd jucken und hatte immerzu einen Orgasmus. Mitten beim Gehen. War ganz bescheuert. Damals wollte ich mir die rasierten Flächen links und rechts auch noch tätowieren lassen. Das muss man sich mal vorstellen! Das sollte einen Liebhaber überraschen, den ich noch gar nicht hatte. Der existierte nur in meiner Phantasie.

Dann hab ich den ganzen Blödsinn aber sein gelassen. Gott sei Dank. Solche Hautstellen wachsen einfach zu schnell wieder zu. Und wie soll man sich, wenn es darauf ankommt, im Handumdrehen von den Haaren befreien können. War alles Quatsch...

Und nun hab' ich plötzlich die Alte am Hals. Wirklich, alles Quatsch.

Was sagt sie? Was will sie? Ich frag' mal, wo sie wohnt'.

Die Oma sagte: „Wir sind gleich fertig. Ich geh zu gerne über den Markt".

Tanja war ehrlich. Sie sagte: „Ja, ich auch".

Die Oma: „Für mich ist es nur so beschwerlich geworden. Das ist das eigentliche Problem. Man wird abhängig von der Hilfe anderer. Verstehst du das, mein Kind?"

„Ja, ja. Ist schon klar".

„Ach ihr jungen Hühner versteht überhaupt nichts. In euren Köpfen ist nur ‚Amore, Amore'. Stimmt's? Natürlich stimmt es. Amore, Amore. Das seh ich doch schon an deinem Gesicht".

Dabei drehte sie sich um und zog Tanja ganz dicht zu sich heran, direkt vor ihre Augen. Tanja setze die Taschen dabei ab und kam mit ihrem Gesicht vor die Augen der Alten. Die waren flink und huschten hin und her. Sie hatten aber nur einen feuchten Glanz.

Sie waren trübe und wie mit einem milchigen Film überzogen. Sie schienen in Tränenwasser zu schwimmen.

Die Alte sagte, nein, sie flüsterte es fast: „Hab ich nicht recht? Hm?"

Dann sang sie es ganz leise: „Immer nur Amore, Amore". Tanja richtete sich wieder auf, und die Oma ließ sie los. „Wir können gehen", sagte die alte Frau.

Dann: „Kind brauchst du noch etwas? Sag' es. Wir können es mitnehmen".

Tanja dachte nach: ‚Ja, ich müsste tatsächlich noch etwas haben. Aber die Alte denkt nur ans Fressen'.

Die Alte: „Hör zu, Kind, gib mal das Geld her".

Sie nahm ihr das Portemonnaie aus der Hand und holte zwei Scheine heraus. Die sah sie sich aus größter Nähe an. Es waren dreißig Euro.

„Ich weiß, dass du von einem Salatblatt leben kannst, stimmt's? Aber du wünschst dir was zum Anziehen nicht?"

Tanjas Augen leuchteten: ‚Wie kann die Alte das wissen'.

Die Alte: „Ich setz mich hier so lange auf die Steinmauer. Kauf dir 'was und hilf mir nachher".

Tanja sagte gar nichts. Sie dachte aber: ‚Du bist ja ganz süß, Oma. So viel Geld für nichts?'

Sie nahm ihr die Scheine aus der Hand und wusste ganz genau, was sie davon kaufen wollte. Sie hatte ein Hemdchen gesehen, das sollte etwas über zwanzig Euro kosten.

Die Verkäuferin wusste sofort, wonach Tanja verlangte. Tanja verhandelte nicht wegen des Geldes, sondern sie war unsicher wegen der Farbe. Am liebsten hätte sie weinrot genommen.

„Rot macht aber dick, und mich macht rot klein. Am liebsten mag ich schwarz".

Die Verkäuferin wusste, wie man Mädchen in dem Alter behandelte und zeigte ihr ein gleiches Hemd in schwarz. Es war wieder ein Trägerhemdchen, wie Tanja mindesten schon drei ähnliche hatte. Die Verkäuferin sagte: „Bei Schwarz kommt deine braune Haut so gut zur Wirkung".

Tanja freute sich: „Finden Sie das auch?"

Die Verkäuferin schickte sie zum Anprobieren durch eine Tür im Verkaufswagen, und Tanja zog sich in Windeseile um. Sowie sie aber in dem Wagen war, guckte die Verkäuferin hinterher und betrachtete Tanja ganz ungeniert von oben bis unten. Tanja hatte ihr eigenes Hemdchen abgestreift. Darunter war sie völlig nackt. Die Verkäuferin bekam einen seltsam verklärten Gesichtsausdruck, und ließ nicht ab, hinzuschauen.

Tanja sah sie sehr wohl, fand aber alles in Ordnung. Das neue Hemd hatte einen tiefen Rückenausschnitt über den sie sich noch mehr freute. Das Hemd saß luftig und fühlte sich sehr gut an. In dem, winzigen Raum waren zwei Spiegel gegenüber an den Wänden angebracht. Dazwischen stand Tanja. Einer davon hing aber nicht flach an der Wand, sondern war an der hochstehenden Kante ein wenig von der Wand abgewinkelt. Das führte dazu, dass sich Tanja gleichzeitig von vorne und zum großen Teil auch von hinten betrachten konnte.

Sie war begeistert.

Sie sagte: „Das nehm' ich. Es sitzt, wie für mich gemacht".

Die Verkäuferin blieb auch beim neuerlichen Umziehen mit dem Kopf in der Tür, dann sagte sie: „Ich lass es dir billiger. Gib mir zwanzig Euro. Ist das in Ordnung?"

„Ja, ich nehm es. Es gefällt mir".

Tanja sagte kein Wort zum Preisnachlass. Die Verkäuferin nahm ihr das Geld ab und Tanja schien es, als ob sie ihr dabei den Handrücken gestreichelt hätte. Ja, sie tat es noch ein zweites Mal und nun ganz deutlich und sagte: „Danke, Tanja".

Tanja sagte: „Ich freu mich. Ich find es schick".

Dann ging sie mit dem glücklichsten Lächeln fort und hinterließ die Verkäuferin in einem ebenso glücklichen, ihr, Tanja, allerdings verborgenen, unendlich angenehmen, lustvollen Liebesschmerz.

Sie kam zurück zur Oma, die saß noch an ihrem Platz und fragte: „Na, hat's geklappt? Hast du was gefunden?"

Tanja sagte: „Du bist richtig süß, Oma".

Sie gab ihr ein Küsschen auf die Wange und sagte weiter: „Hab mir nichts zu essen gekauft. Hast recht gehabt". Tanja bemühte sich, laut zu sprechen.

Die Oma unterbrach sie: „Klamotten, oder?"

„Ja, ich hab ein unheimlich tolles und noch modisches Stück gefunden. Sieh mal".

Sie zeigte es der Oma. Die fasste den Stoff an und sagte: „Hoffentlich reine Baumwolle. Hast du nachgesehen? Wenn alles Kunststoff ist, dann schwitzt du doch".

Tanja sah nach. Sie hatte eine Mischfaser erwischt.

„Aber Baumwolle ist dabei. Hier, Oma, kriegst noch Geld wieder". Sie reichte ihr die restlichen zehn Euro zurück. Die alte Frau steckte das Geld ein.

Tanja sagte zu ihr: „Du bist wirklich ganz lieb. So, jetzt komm aber. Wir wollen gehn. Sag' mir wie's langgeht".

„Gut".

Die Worte gefielen der Alten. Jemand sagte ihr, wie es weiterging. Das wünschte sie sich immer. Sie hätte sowieso gerne jemanden gehabt, der sich um sie kümmerte. Natürlich müsste der oder die auch ihre ewigen Nörgeleien ertragen können. Bei jungen Menschen bestand da keine große Gefahr. Sie sah ja, die setzten sich einfach über alles hinweg. Sie stand umständlich auf und musste sich an ihrem Gefährt abstützen. Als sie loskonnten, sagte Tanja: „Danke".

Die Oma murmelte etwas von: „..mal sehen, ob's klappt.." und „..Vögelchen, Vögelchen, na wir werden's erleben.."

Dann zogen sie los. Tanja trug die Taschen und die Oma schob ihre rollende Stütze vor sich her. Tanja sah, dass man die Taschen auch hätte an den Wagen hängen können, aber sie verzichtete darauf. Sie ging immerzu vorneweg, und, als wüsste sie, wo die Behausung der Oma lag, war sie auf dem richtigen Weg.

Einmal nur rief die Oma von hinten: „Kind, mach mal Pause. Ach, nein, geh weiter. Wir sind ja gleich da. Jetzt links, das zweite Haus".

Der Weg war nicht weit gewesen.

Tanja fand es hier, in einer Seitenstraße, herrlich ruhig. Die Oma schloss auf und schlurfte gleich in die Küche.

Sie rief Tanja zu: „Mach hinten die Tür auf. Da geht's in den Garten, und lass Luft herein. Ich mach uns was zu essen. Du isst doch mit, oder?"
Das letzte war eine bange Frage gewesen und die Alte dachte: ‚Ist vielleicht ein wenig zu voreilig von mir. Tanja aber war schon hinten an der Tür, hatte sie geöffnet und war draußen. Die Alte machte sich in der Küche zu schaffen, und es dauerte nicht allzu lange, dann konnten sie beide essen. Tanja aß nicht viel. Das fiel der Oma auf. Sie dachte daran, Tanja zu nichts zu drängen und forderte zwar auf, zu essen, sagte aber auch: „Zeigst du mir, wie dein neues Hemd aussieht? Ich meine an dir natürlich".
Tanja machte das gerne und zog sich vor der Oma so freizügig um als wäre sie allein. Das gefiel der. Obwohl sie schlecht sah, erkannte sie doch die gleichmäßig verlaufenden Körperlinien an dem Mädchen und machte überhaupt kein Hehl aus deren Schönheit: „Nach dir werden sich die Männer noch alle zehn Finger lecken", sagte sie, „oder sie tun es schon, he?" Sie kicherte ein wenig vor sich hin.
Dann sagte sie: „Sieh dich um im Haus, Tanja. Fühl dich Zuhause".
Tanja tat nichts lieber als das. Sie war neugierig.
Es war ein Einfamilienhaus. Darin wohnte die Alte offenbar ganz allein. Tanja sah, dass etliche Betten, es waren wohl fünf oder sechs, zwar vollständig bezogen waren, aber über jedem lag ein weißes Tuch. Sie sah, dass sie nicht in Benutzung waren. Tanja hatte einen kühnen Gedanken: ‚Dies ist meine neue Bleibe. Das wird meine neue Absteige. Der Alten werde ich das ganz klar machen, vor allen Dingen, dass sie das niemandem erzählt. Das ist das wichtigste. Dann kann ich kommen und gehen, wann ich will'.
Die Einrichtung der Wohnung interessierte sie schon nicht mehr. Das geschah nicht etwa, weil dort nichts Besonderes oder Schönes zu sehen gewesen wäre, sondern weil sie die neue Idee für diese Dinge blind machte.
Sie ging wieder hinunter zu der Alten und setzte sich den ganzen Nachmittag zu ihr ins Zimmer und versuchte sich irgendwie bei ihr Liebkind zu machen. Der Oma war das eine Wohltat. Die erkannte dabei keine Hintergedanken. Tanja aber fand und fand nicht den Dreh, ihr ihre Absicht zu erklären.
Gegen Abend verschob sie den Plan auf ein anderes Mal und wollte nun nach Hause gehen.
Die Oma aber fragte: „Wohnst du weit von hier?"
Tanja: „Warum? Nein, nicht sehr weit. Mit der Bahn drei Stationen. Warum?"

„Naja, wenn du nun Zuhause anrufen könntest und erzählen würdest, dass du mich kennengelernt hast und hier vielleicht übernachten möchtest ...ich meine vielleicht ja auch ein anderes Mal.." Sie verhaspelte sich dabei, so aufgeregt war sie: „Wenn du mal übernachten möchtest, ich mein' ich..."

Und dann nach einer kleinen Pause: „Also würdest du mich mal wieder besuchen kommen? Du könntest mir beim Einholen helfen. Nur wenn du magst, selbstverständlich, wenn du mal wieder Lust hast. Du weißt ja nun, wo ich wohne".

Tanja dachte: ,Wenn ich dir nun sage, dass ich daran immerzu gedacht habe und nur nicht wusste, wie ich dir das beibringen sollte. Ich liefere mich dir aber auch ganz schön aus. Du krallst mich und ich muss immerzu für dich da sein'.

Sie sagte: „Das gleiche hab ich auch gedacht. Ich würde zu gerne wiederkommen. Ich kann ja vorher anrufen. Wegen heute Nacht müsste ich Zuhause anzurufen. Wenn sich jemand meldet, könnte ich ja fragen. Dann könnte ich sicher bleiben. Ich fände es toll. Und wenn niemand da ist ... Ich probier's mal".

Das verstand die Oma und sie betete innerlich: ,Lieber Gott, mach' dass sich jemand bei ihr meldet'. Sie sagte schnell: „Ich geh in die Küche, du kannst ja telefonieren. Und schreib' dir meine Nummer auf".

Sie ging hinaus, ließ die Tür aber etwas offen, und obwohl sie schwer hörte, bildete sie sich ein, wenn es darauf ankäme, jedes Wort ganz genau verstehen zu können.

Tanja wählte tatsächlich. Die Oma kam zurück.

Tanja dachte: ,Du bist ja wohl hoffentlich so schwerhörig, dass du die Zeitansage nicht verstehst, oder?'

Sie presste trotzdem den Hörer so fest es ging ans Ohr, damit kein Laut herausdringen konnte.

Dann legte sie auf und sagte. „Keiner da. Wenn ich darf, möchte ich aber trotzdem bleiben, ja? Ich ruf' dann eben morgen Zuhause an. Das ist nicht so schlimm".

Die Oma war den ganzen Abend über geschäftig und tat und machte und bemühte sich aufs äußerste, Tanja nicht zu belästigen, ihr aber andererseits diese kleine neue Heimat angenehm zu gestalten. Tanja hatte erreicht, was sie wollte und zeigte sich äußerst zufrieden. Sie glaubte auch die Absicht der alten Frau durchschaut zu haben und wunderte sich, wie sich alles so problemlos ineinander fügte und konnte sich über ihr Glück nicht genug freuen: ,Hauptsache ist, dass das ganze geheim bleibt. Das muss ich ihr noch ganz klar machen. Das muss ich ihr noch richtig beibringen'.

Sie erledigte nun häufiger mal die Besorgungen für die Alte. ‚Das wird, Vertrauen schaffen', sagte sie sich.

Die Oma wurde immer großzügiger, so dass Tanja kommen durfte, wann sie wollte. Schließlich wohnte sie sogar über Tage hier. Niemals brauchte sie auch nur einen Cent für irgendetwas auszugeben oder zu bezahlen. So war Tanja zu einer Bleibe gekommen, von der niemand, außer den beiden, die es anging, etwas wusste.

XIII.

Derzeit habe ich also tatsächlich drei Bleiben. Ich könnte jederzeit bei meinen Eltern unterkommen, bei dem Österreicher und bei der Oma. Es bleibt gleich, bei wem ich übernachte, immer sehne ich mich nach einem Zuhause.

Dabei liebe ich den Österreicher. Ich will ihn sogar heiraten. Das ist meine Idee, und das hat viele Gründe. Es würde mir nichts ausmachen, mit ihm nur ein paar Jahre verheiratet zu sein. Das brauch' ich ihm aber nicht auf die Nase zu binden.

Zu der Oma gehe ich gerne, vor allen Dingen, weil ich mich dort so geben kann, wie ich mich fühle.

Wenn ich ehrlich bin, mach' ich das bei meinen Eltern auch.

Bei der Oma bin ich aber noch nie ausgeflippt. Das ist ein sehr großer Unterschied. Dabei habe ich manchmal das Gefühl, dass die Alte mich nicht richtig auf der Rechnung hat.

Meine Eltern beginnen erst neuerdings, mich ein wenig ernst zu nehmen, und der Österreicher findet alles, was ich mach: ‚Schick und feesch und noch wie'.

Kürzlich war ich mit meiner Freundin in der Stadt. Wir waren Kaffee trinken, oben auf der Dachterrasse in einem Kaufhaus. Wir haben uns über Kleider unterhalten, genauer gesagt, über modische Gürtel. Ich fand es unerhört, dass die so teuer sind. Hab' mich richtig darüber aufgeregt.

Meine Freundin sagte aber: „Wenn ich mir so einen Gürtel kaufen würde, möchte ich auch lange etwas davon haben".

Ich fragte: „Wieso, was willst du denn davon lange haben?"

Sie: „Na, dass ich ihn lange schick finde und ihn nicht nach dem zweiten Mal Tragen in die Ecke pfeffer".

„Wie lange willst du das Ding denn tragen. Wenn er aus der Mode ist, kannst du ihn dir doch nicht mehr umtun, oder?"

Sie irritierte mich.

Sie meinte aber weiter: „Ich überleg' mir eben genau, wofür ich mein Geld ausgebe".

Ich: „Das tu ich auch".

„Es macht dir aber nichts aus, ihn heute zu kaufen und ihn morgen wegzulegen, weil er unmodern ist, stimmt's?"

Ich war mir nicht sicher, ob sie nicht recht hätte und sagte: „Weiß nicht".

Sie sagte aber zu mir: „Pass mal auf. Du kennst doch meinen Freund, ja? Irgendwann hab' ich den soweit, dann kauft der mir einen ganz tollen wuscheligen Pelz. Keinen Echten, den will ich gar nicht haben. Aber so einen Teddymantel, einen Webpelz, diese süßen, weichen Dinger. Weißt du, was ich meine? Ich habe mich erkundigt, und ich kann dir ganz genau sagen, was für einen ich haben will. Hellbraun soll er sein".

Ich redete dazwischen: „Passend zum Haar?"

Sie: „Genau. Also, so ein Mantel ist doch sehr teuer, ja? Beinahe so teuer, wie ein echter, nicht?"

„Ja, stimmt".

„Also nehmen wir 'mal an, er würde mir den schenken und hinterher würden wir uns fürchterlich streiten. So richtig, mit Trennung und allem".

„Warum".

„Das ist doch egal. Ich streite mich ja gar nicht mit ihm, aber nehmen wir mal einfach an, es käme so".

„Gut, was dann?"

„Ich weiß ja nicht, was so ein Mann dann tut. Aber, wenn ich er wäre, und mich richtig strafen wollte",

Ich unterbrach sie: „Dann vertrimmt der dich nach Strich und Faden oder behandelt dich wie Luft".

„Er, ja, vielleicht. Aber ich sagte ja, wenn ich er wäre. Weißt du, was ich machen würde?"

„Nein, was?"

„Ich würde mir den Mantel wieder wegnehmen. Das, weißt du, würde mich am meisten treffen. Das würde mich ungeheuer ärgern, damit würde er mich in meinem Allerinnersten richtig ausziehen, wenn du weißt, was ich meine. Ich würde innerlich nackt vor ihm stehen. Das würde ich ihm nie verzeihen".

„Was, wegen so einem blöden Mantel? Da ist doch nichts dran".

„Doch, sieh mal, ich wünsche mir den doch so sehr. Ich würde ihn lieben und an dem Stück hängen. Das weiß ich, weil ich ja bereits einen habe. Der ist aber nicht halb so schön, wie der, den ich mir wünsche. Aber selbst an diesem hänge ich. Ich liebe ihn und ich lege ihn mir manchmal mit ins Bett, wenn ich schlafen gehe. Es ist so, als wenn du zum Beispiel mit einem Kuscheltier ins Bett gehst".

„Ich? Warum sollte ich mit einen Kuscheltier ins Bett gehen. Hab' gar keins".

„War doch nur ein Beispiel. Nimm etwas, woran du so richtig hängst. Wo du jetzt schon heulen könntest, wenn du dir nur vorstellst, es würde dir jemand wegnehmen".

Das gab mir sehr zu denken. Woran würde ich überhaupt hängen? Was könnte das denn sein.

Ich sagte: „Fällt mir im Moment nichts zu ein. Nein, wirklich, im Moment fällt mir nichts ein".

„Also komm. Jeder hat etwas, woran er mit seinem ganzen Herzen hängt. Meistens ist das eine völlig irre Sache. An die denkst du nur jetzt nicht. Wirst dich schon noch erinnern".

Sie erzählte weiter von ihrem Freund und von dem Pelz und ich erzählte ihr von dem Österreicher und sie wollte wissen: „Glaubst du, dass der dir einen Pelz schenken würde?"

Ich sagte: „Du, in seiner Branche braucht der jeden Cent. Der muss sparen, der ist Geschäftsmann. Einen Pelz von dem, könnte ich mir kaum vorstellen. Ich hätte auch lieber 'was anderes".

„Ja? Was denn".

Ich zögerte, weil mir gar nichts Konkretes einfiel, und ich auch gar keinen festen Wunsch hatte.

Sie bohrte aber nach und sagte: „Komm, nun musst du mir's aber auch sagen. Also los, bitte".

Ich sah sie an und sagte: „Eine Windmühle".

Ich erschrak selbst über den Quatsch, den ich gerade geredet hatte. Sie guckte mich eine Sekunde mit offenem Mund an, dann sagte sie, indem sie aufschrie vor Lachen: „Eine was? Eine Windmühle? Was willst du denn damit? Eine richtige Windmühle? Das glaubst du doch selbst nicht. Was für eine denn, eine die klappert, etwa?"

Und dann, als würde ihr schlagartig alles klar: „Ach, ich kann mir denken, was du meinst! Eine kleine glitzerige, so eine zum Anstecken. Aha, ja, das kann ich mir gut vorstellen. Groß und wuschelig darf es sein, oder klein und glitzerig. Ausverschämt bist du aber nicht".

Ich wusste in dem Augenblick, als meine Freundin mich so gefragt hatte, nicht, an was ich mit meinem Herzen hing. Mir war nichts eingefallen. Da habe ich die Windmühle erfunden. Meine Freundin kam immer wieder darauf zurück und fand die Geschichte zum Totlachen und wünschte mir Glück, dass ich eine bekommen würde.

Ich selbst fand das ganze nicht so zum Lachen. Ich war später sogar noch traurig darüber, dass mir trotz allen Nachdenkens nichts eingefallen war. Alles, was ich hatte, ging ich noch einmal durch und musste mir bei jeder Sache eingestehen: ‚Kann ich drauf verzichten, hänge ich nicht dran, kann ich vermissen und vergessen'. Selbst, dass ich wochenlang unseren Hundi nicht sah und erst beim Wiederkommen, wegen der Freude des Tieres, mich wieder auf ihn besann, bewies mir das und dass ich auch an diesem Vierbeiner nicht besonders hing. Es ging aber bei meiner Freundin nicht um Tiere oder Menschen, sondern um eine Sache, und da fiel mir leider nichts ein. Das fand ich so überhaupt nicht in Ordnung, das wollte ich so nicht haben.

Ich beschloss, auch an etwas zu hängen. Das sollten von nun an Windmühlen sein. Als meine Freundin und ich das Kaufhaus verließen, trennten wir uns. Ich ging zurück in die Spielzeugabteilung und kaufte mir nach langem Aussuchen eine kleine Windmühle. Wenn man die anpustete, drehten sich richtig ihre Flügel. Das gefiel mir. Ich pustete, sie drehte sich; ich tat etwas, sie tat etwas.

Das wurde die erste Windmühle meiner Sammlung von Windmühlen.

Ich brachte sie zur Oma. Die fand meine Neuerwerbung auch niedlich.

Sie pustete sie an und fragte: „Magst du Windmühlen?"

Ich erklärte ihr: „Ja, ich sammle sie".

„So, du sammelst sie. Hast du schon viele?"

„Nein, das ist meine erste".

Die Oma meinte: „Dann ist das dein erstes Windmühlenbaby. Ich gratuliere. Du kannst die Sammlung hier bei uns unterbringen. Ist ja genug Platz im Haus". Das hatte ich sowieso vorgehabt.

Von nun an sammelte ich etwa ein Dutzend Windmühlen. Die wichen nur wenig voneinander ab. Alle hatten einen Stiel, die gefalteten Blätter waren bunt oder einfarbig und sehr leicht zu bewegen. Es waren doppelte dabei, die auf derselben Nadel saßen und sich in dieselbe Richtung drehten. Es waren Gegenläufer darunter, und es saßen mehrere kleine Windmühlchen auf einem gemeinsamen Holzreifen, so dass sie sich immer gleichzeitig im Wind drehen mussten. Ich begann meine Mühlen ein wenig zu lieben und sie mir persönlichen Besitz werden zu lassen. Ich glaubte beinahe, an den Mühlen zu hängen und zwar besonders dann, wenn ich mit ihnen spielte, sie häufig in die Hand nahm, anpustete und zum Drehen brachte.

Eines Tages kam ich auf die Idee, dass im Garten eine große Windmühle aufgestellt werden müsste. Das erzählte ich der Oma, weil ich mir so eine Ausgabe nicht hätte leisten können. Die Oma wusste, wovon ich sprach, und sie kannte ein Geschäft, wo man sich solche Mühlen ansehen konnte. Wir entdeckten eine. Die hatte, wie eine wirkliche Mühle, ein Haus. Sie war etwa eineinhalb Meter hoch und das Haus schwenkte schon bei geringem Wind an den großen Flügeln, von ganz alleine mit.

Auf der gegenüberliegenden Seite der vier großen Flügel saß ein kleines Rad, das drehte sich auch und sorgte für das Schwenken. Ich war begeistert. Die Oma freute sich über mich und im Garten war genügend Platz. Sie kaufte die Mühle, die aus richtigem Holz gebaut war und ließ sie in ihrem Garten an einer wunderschönen Stelle aufstellen.

Mir reichte das aber nicht aus. Ich wollte einmal eine richtige Mühle in Betrieb sehen. Eine richtige Windmühle wollte ich sehen.

Zusammen mit dem Österreicher, der von meiner Sammlung keine Ahnung hatte und nur wusste, dass ich ab und zu mal mit einer Windmühle spielte, machte ich eines Tages einen Ausflug, der uns unversehens zu einer Mühle führte. Von außen war die so, wie ich mir eine richtige Mühle vorgestellt hatte.

Für mich war es eine Märchenmühle. Ich bestaunte sie lange aus dem Auto heraus, dann stiegen wir aus, weil ich um sie herum gehen wollte. Das war aber verboten. Ich ließ es lieber sein.

In der Mühle befand sich ein Cafe. Wir gingen hinein, um uns alles anzusehen.

Drinnen waren die Fenster schräge im Dach und es war sehr gemütlich. Um zum Gästezimmer zu gelangen, mussten wir in den Bauch der Mühle. Dort befanden sich mehrere kleine Sitznischen. Es roch überall nach Holz. Das war angenehm und kam mir irgendwie vertraut vor.

Jemand sprach uns an und sagte: „Glück zu".

Wir schauten den Mann verdutzt an.

Der sagte aber: „Hier heißt es nicht ‚Guten Tag' sondern ‚Glück zu".

„Ach, das wussten wir nicht", sagte ich.

Dann: „Können wir die Mühle besichtigen?"

Der Wirt verneinte: „Das geht leider nicht. Wir sind ein Restaurant, und oben sind ein paar Gästezimmer. Die Mühle selbst ist nur noch von außen an den Ruten und innen an der Aufteilung der Räume zu erkennen".

Ich fragte nach: „An was?"

Er: „An den Ruten, das sind die Flügel. Die drehen sich aber nicht mehr".

Ich wurde maßlos enttäuscht. Ich hatte gedacht, eine Mühle würde immer eine Mühle bleiben.

Wir haben dort noch Kaffee getrunken und uns alte Fotos angesehen, die an den Wänden hingen. Als wir wieder draußen waren, fiel mir ein, dass der Wirt vielleicht wusste, wo man noch eine intakte Mühle besichtigen könnte. Ich ging also wieder hinein, während der Österreicher schon zu seinem Auto schlenderte.

Drinnen habe ich nachgefragt. Der Wirt wusste überhaupt nichts.

Er sagte: „Da muss man wohl oder übel ins Ausland fahren. Aber einen genauen Platz kann ich Ihnen auch nicht sagen. Da müssen Sie herumhorchen. Vielleicht haben Sie ja Glück. Nur so erfährt man solche Sachen. Mühlen, die noch in Betrieb sind, gibt es praktisch nicht mehr. Vielleicht sollten Sie mal in Griechenland Urlaub machen. Da soll es noch welche geben".

Ich dachte: ‚Du spinnst, Kerl. In Griechenland sind das doch ganz andere Mühlen und dass die nur für das Ausquetschen von Oliven benutzt werden, weiß ich sogar'.

Ich habe ihn freundlich angelächelt und zog dann ab in Richtung Ausgang.

Trotz meines Lächelns war ich wütend. Ich wusste nicht einmal, ob auf den Wirt oder auf mich. Alles war gegen mich. Links vor dem Ausgang war eine Tür. Hinter der Tür konnte ich den Beginn einer Wendeltreppe erkennen. Die führte nach oben. Davor, noch im Türschatten, stand eine Putze. Es war eine kleine ausländische Frau in einem Kittel. Sie war um die dreißig Jahre alt. Der Kittel war mausgrau. Daran waren keine Ärmel. Unter dem Kittel hatte sie, da war ich sicher, außer einem Höschen, bestimmt nichts mehr an. Ich fand, dass sie ganz gut aussah. Zuvor hatte ich sie überhaupt nicht bemerkt. Sie hatte mich aber wohl schon die ganze Zeit beobachtet.

Sie gefiel mir, und ich behielt mein Lächeln bei. Als ich an ihr vorbei musste, sprach sie mich an: „Du, Frau. Du, liebe Frau, bitte warten".

Damit nahm sie meine linke Hand in ihre beiden Hände, hob sie sich ganz sanft erst an die rechte Wange, dann an den Mund und küsste sie. Sie küsste sie ein einziges Mal und legte sie dann förmlich, als hätte sie etwas Zerbrechliches berührt, an ihren Platz zurück. Beim Loslassen sah sie mir so tief in die Augen, dass ich ganz unsicher wurde. Ich hörte aber nicht auf, sie anzulächeln. Sie drehte sich um und ging die finstere Wendeltreppe hinauf nach oben.

‚Mein Gott', dachte ich, ‚was es alles gibt'.

Und dann: ‚Muss die einsam sein'. Damit ging ich nach draußen.

Dem Österreicher hab' ich davon nichts erzählt. Ich sagte ihm nur, was ich von dem Wirt erfahren hatte.

„Ich weiß wo welche stehn".

Er: „Wo?"

Ich wieder: „Ich soll nach Griechenland fahren, wenn ich welche sehen will, sagt der Wirt".

Der Österreicher lachte über mich: „Siehst, wenn's du schon so fragst, Madl".

Wenn er sprach, machte er mich schwach. Es waren nicht die Wörter, die er benutzte, sondern es waren die Laute und die Art, wie er Wörter auf der Zunge zergehen ließ. Ich liebte ihn in diesem Augenblick, umarmte ihn, küsste ihn und hätte mit ihm hier und jetzt alles gemacht, wenn er es nur getan hätte.

Nach einer kurzen Strecke Autofahrerei überkam es mich ganz heftig. Wir waren aber mitten auf der Landstraße. Ich konnte nichts dagegen machen, Meine Liebe zu dem Österreicher wurde körperlich und meine Wut und die Enttäuschung ließen auch nicht nach. Am heftigsten war aber ein neues unbestimmtes Gefühl in mir geblieben. Das saß unter meinem Hals in der Brust. Das hatte mit dieser Frau im Kittel zu tun.

Es durchzog mich ein seltsamer Schmerz, der war angenehm und brachte die Lust mit sich, ihn zu steigern. Er wanderte in die Brustwarzen, erst in die eine, dann saß er in beiden. Sie zogen sich zusammen und wurden fest und hart. Ich spürte, wie es in mir wanderte, wie es in mir tiefer rutschte.

Ich sagte zu ihm: „Streichel mich". Ich bekam einen Orgasmus.

Ich saß zu bequem und lag fast im Sitz. Ich nahm die rechte Hand des Österreichers vom Steuer weg und legte sie mir auf den Unterleib. Er wusste gleich, was los war, und schob seine Hand unter meine Jeans und unter mein Höschen. Das andere machte er während der Fahrt mit den Fingern. Meine rechte Hand schob ich unter die Bluse auf meine Brust und wartete, dass die harten Spitzen sich zurückbildeten.

Das alles dauerte nicht lange, dann war ich wieder in Ordnung. Ich drehte mich zur Seite und schaute aus dem Türfenster.

Der Österreicher hatte es sehr sanft gemacht. Danach ging es mir besser.

Er sagte nichts dazu. Ich weiß nicht, wie es ihm dabei ergangen ist und was er dachte. Ich habe, ihn auch nicht gefragt.

Nach ein paar Sekunden kam ich hoch und gab ihm einen Kuss auf die Wange.

Ich war jetzt hellwach und dachte allen Ernstes über die Möglichkeit nach, nach Griechenland zu kommen.

Das konnte ich aber total vergessen. Woher hätte ich dafür das Geld nehmen sollen?

Es musste doch irgendwo in der Nähe so eine verdammte Windmühle geben, die noch intakt und auch in Betrieb war.

‚Naja, abwarten', dachte ich, ‚du kriegst schon noch deine Mühle zu sehen'.

Was ich selbst nicht für möglich hielt, trat schon ganz kurze Zeit später ein. Irgendjemand hatte einen Spendenaufruf zur Rettung einer uralten Windmühle gemacht, die an der dänischen Küste stehen und für deren Erhalt man spenden sollte. Am Spenden war ich nicht interessiert, aber die Mühle war abgebildet, und ich fand, dass sie gar nicht so schlecht aussah. Es waren noch alle Flügel dran. Sie stand in einer schönen, leicht verwilderten oder naturbelassenen Landschaft, und man konnte im Hintergrund ein Stück vom der Ostsee sehen.

Das gefiel mir alles. Das, so beschloss ich, sollte endlich meine Windmühle werden. An ihr wollte ich von nun an hängen, von ihr wollte ich von nun an vor den anderen Mädchen schwärmen.

Und so, wie sie aussah, war sie wirklich süß. Alles stimmte an ihr. So hatte ich mir immer eine Windmühle vorgestellt.

Ich sah vor meinen Augen schon, wie sie sich drehte, langsam und bedächtig, und hörte das Knarren in ihrem Inneren und wie die Balken ächzten.

Etwa drei Wochen danach hatte ich den Österreicher soweit. Er holte für einen Tag eine Vertretung in seine Spielbude, und wir konnten mit seinem Auto die Fahrt dorthin machen. Wir waren stundenlang unterwegs. Die Gegend wurde immer einsamer und die Straßen immer leerer.

Die letzten zwanzig, dreißig Kilometer trafen wir niemanden mehr an.

Auf den Wiesen standen braunweißgefleckte Kühe. Die sahen wirklich blöde aus. Sie schauten immer hinter dem Auto her. Aber in ihrer Seele mochte es ganz anders aussehen. Mir taten die Viecher leid. Eine tote Katze lag am Weg. Die war bestimmt überfahren worden.

Ich dachte: ‚Was kann so ein Geschöpf nun dafür, dass es Autos gibt. Wahrscheinlich wusste es davon gar nichts‘.

Ich dachte in meinen Selbstgesprächen an mich selbst: ‚Stell dir vor, und davon bin ich überzeugt, du lebst in einer Welt, in der du von Dingen oder Lebewesen umgeben bist, von denen du nichts weißt, von denen du keine Ahnung hast. Deine Vorstellungskraft reicht nicht einmal aus, überhaupt zu erfahren, um was es sich handeln könnte. Plötzlich liegst du selbst als so ein Katzentier im Straßengraben und weißt nichts und ahnst nichts und bist einfach tot.

Ist doch unfair, ist doch ungerecht, oder?

Also nicht dran denken. Weitermachen, weitermachen, immer weiter weitermachen‘. Ich seufzte einmal auf.

Wir trafen in einem winzigen Dorf ein. Von einer Mühle war nichts zu sehen. Aber die Leute in einem Gasthof wussten Bescheid: „Ja, das ist richtig. Den kleinen Berg hinauf, dann sehen sie sie schon. Die ist gar nicht zu übersehen".

Wir hatten die viele Fahrerei satt und gingen das kurze Stückchen zu Fuß. Ich war sehr gespannt, wollte mir beim Hinaufgehen aber auch Zeit lassen.

Je mehr wir uns der kleinen Anhöhe näherten, desto ungeduldiger erwartete ich, die Flügelspitzen der Mühle in den Himmel ragen zu sehen. Erst ganz zum Schluss, als wir schon fast oben waren, tat sich etwas. Es wurde eine Art Turm sichtbar, der rundherum von verschiedenen schrägen Flächen begrenzt war. Der Turm war so klein, dass man ihn bestimmt nicht hätte begehen können. Es war eine Art Spitze ohne Spitze. Wir gingen darauf zu und kamen auf eine große Baustelle. Ich erkannte sofort, dass der ganze Turm der Mühle, offenbar das Teil, an welchem auch die Flügel saßen, abgenommen und auf dem Boden vor der Mühle abstellt worden war. Er war mit einem Kran herab gehoben. Der Kran stand da noch, und die Mühlenspitze mit den vier Flügeln war sorgfältig und als Paket verschnürt, auf einem riesigen Holzgerüst abgelegt.

Es waren keine Handwerker zu sehen.

Weit und breit war überhaupt keine Menschenseele. Alles war mit durchsichtigen Kunststoffplanen zugedeckt und für längere Zeit wetterfest verpackt.

Meine Enttäuschung kannte keine Grenzen.

Ich lief über ein nasses Feld daneben. Darauf standen Pfützen und der Boden war so matschig, dass ich beinahe mit meinen Schuhen darin stecken geblieben wäre. Ich stützte mich an dem Gestell mit der Turnspitze ab, warf mich auf eines der Flügelenden und heulte drauf los. Ich staunte dabei über die Größe eines einzigen Flügels. Trotz meiner Tränen war ich davon überrascht. Die Flügel schienen mir so gewaltig, dass ich Angst davor bekam. Ich schlug mit beiden Fäusten auf diesen bescheuerten Mühlenflügel ein. Meine Hände taten mir sofort weh, weil ich auf eine Stelle getroffen hatte, die ziemlich spitz gewesen war.

Mein Österreicher kam nicht auf den Einfall, mich zu trösten. Als ob ich überhaupt nicht da wäre, als ob gar nichts mit mir los wäre, spazierte er herum und kam schließlich auf mich zu: „Was meinst, woll'n wir?"

„Ja".

Dem war alles so Scheißegal. Ich stieg ins Auto. Er kam nach und wir fuhren die lange Strecke zurück.

Nach ein paar Tagen sagte ich zu ihm: „Ich wünsch mir 'was von dir".

Dass ich so einfach einen Wunsch von ihm erfüllt haben wollte, musste ihn fürchterlich getroffen haben. Er wurde richtig blass und sein Mund öffnete sich zu einem schmalen Spalt. Darüber erschrak ich wiederum und fragte: „Was denkst du denn, was ich mir wünsche, he? Nu sag's bitte".

Er konnte sehr gut hochdeutsch sprechen, wenn er wollte, und sagte: „Na, was ihr Frauen alle wollt".

Ich wusste nicht, was er meinen konnte und guckte ihn an.

Ich rätselte innerlich herum und sagte nichts und kam auf nichts.

Er aber: „Ein Kind willst haben, ein Kind von mir, ja?"

Das kam mir in dem Augenblick so schrecklich fremd und fern vor, so völlig außerhalb jeder Wirklichkeit, dass ich richtig lachen musste.

Während ich aber noch lachte, dachte ich: ‚Die Idee, mein Lieber ist gar nicht schlecht. Warum soll ich mir das nicht mal vornehmen. Nur jetzt nicht. Nein, jetzt bitte noch nicht'.

Ich sagte unter Lachen zu ihm: „Wenn du unbedingt willst, auch das. Aber jetzt sollst du mir bitte etwas kaufen".

Er atmete richtig auf, war erleichtert, und sagte: „Ich geb' dir Geld, kauf' es dir selber. Ich muss doch im Geschäft bleiben, Schaatz".

Er sagte Schatz immer mit so einer Dehnung, wie ich sie an seiner Sprache liebte.

Ich war zufrieden und sagte: „Ist gut".

Er gab mit reichlich Geld. Es war viel zu viel. Damit fuhr ich in die Innenstadt in ein sehr teures Porzellangeschäft und suchte mir eine kleine Delfter Mühle aus. Sie funktionierte nicht richtig. Die Flügel waren nicht zum Anpusten, man konnte sie nur mit dem Finger anschubsen. Das reichte aber schon. Das fand ich gut.

Sie war die allerkleinste und allerniedlichste aller meiner Mühlen. Aus meinem Kopf wollte die ganze Zeit über der Gedanke an seine Vermutung nicht wieder weichen. Immerzu musste ich mich fragen, ob ich mir ein Kind wünschte oder nicht.

‚Das wird er wohl schon früher von mir erwartet haben', dachte ich. ‚Klar, dass er damit gerechnet hat'.

Ich war ungeschickt gewesen: ‚Warum war ich nicht viel früher von selbst drauf gekommen. Das war es, was ich nicht an mir verstehen konnte. Wozu hätte ich ihn sonst heiraten wollen, wenn nicht auch, um Kinder zu bekommen. Ich hatte aber, um ehrlich zu sein, bis dahin noch nicht einmal den Gedanken an ein eigenes Kind gehabt, geschweige denn, den Wunsch danach verspürt. Das war etwas, was mich noch viel stutziger machte, als alles andere zuvor'.

XIV.

Bei den Gedanken an ein Kind, egal, ob ich es wünschte oder nicht, wurden die Windmühlen innerhalb von wenigen Tagen zu irgendeinem Spielzeug, von dem ich mit ganz eigenartigen Gefühlen Abschied nehmen musste. Es kam mir wirklich so vor, als wäre ich mit einem Schlag aus einer Kinderkleidung herausgewachsen und hätte nun endlich bemerkt, in welch engen Hemdchen ich herumgelaufen war. Ich zog mich in eines der Zimmer der Oma zurück und dachte lange nach.

Die Windmühlen waren gut zum Spielen. Sie ließen sich noch genauso schön in Bewegung bringen, aber sie waren mir kein Bedürfnis mehr. Die Alte merkte, dass mit mir etwas nicht in Ordnung war, und sie hielt sich zurück. Sie machte uns Essen, und kümmerte sich absichtlich nicht um meine Angelegenheiten.

Wenn ich mich an das erinnerte, was sie vor noch gar nicht langer Zeit beiläufig gesagt hatte, dann, dachte ich, musste sie eigentlich eine enorm schlaue Frau sein.

Ob sie es nun bewusst gesagt hatte oder nicht, weiß ich nicht, sie aber hatte doch dieses Wort von einem Windmühlenbaby in die Welt gesetzt. Sie wusste wahrscheinlich nur zu gut, was sie damit hatte andeuten wollten: ‚Wenn schon kein richtiges Baby, dann eben ein Windmühlenbaby‘.

Der Oma traute ich das glatt zu. War andererseits aber auch ein lieber Zug von ihr, denn sie hatte begriffen, dass das Leben weiterging und nicht nur aus Klamotten und dummem Gefasel bestand. Meine Selbstgespräche auf der Fahrt zur Mühle: ‚Weitermachen, weitermachen‘, reichten eben nicht aus.

Jetzt dachte ich: ‚Tun musst du etwas, Tanja, richtig etwas tun. Das ist etwas ganz anderes als nur weitermachen‘.

Und, was sollte ich tun? Vielleicht war das mit dem Kind ein Tipp. Vielleicht wünschte er sich ja ein Kind von mir. Wenn er schon nichts dagegen hatte, dass ich ihn oder dass wir heiraten würden, dann musste er doch ebenso wie ich davon ausgehen, dass wir auch Kinder haben würden. Das hatte er mich ja nun deutlich genug wissen lassen. Die Pille wegzulassen, lag nicht drin. So ein Betrug kann schwer ins Auge gehen. Nein, der muss so heiß werden, dass er von sich aus noch einmal darauf zurückkommt und ich ihm dann den Wunsch erfülle.

Dann kann ich sagen: ‚Gut, wenn du dir unbedingt ein Kind wünschst, lass ich die Pille weg und wir werden sehen‘.

Wenn ich die Oma fragen würde, wie die das früher angestellt haben, dann wird die wieder sagen: ‚Die einfachste Methode ist immer noch die beste‘.

Aber dann ist sie mit ihrer Weisheit auch schon am Ende. Die hat doch nie die Pille gekannt. Überhaupt, wie die das wohl früher gemacht haben? Immer enthaltsam leben? Immerzu in Angst leben? Oder Kinder kommen lassen, wie es nun mal passierte? Ich glaub' die haben alles gleichzeitig betrieben. Dann kamen noch Abtreiben, Fremdgehen und Benutzen von Kondomen dazu. Betrügen nannten die das früher: ‚Sie hat ihn mit dem und dem betrogen; oder er hat sie mit der und der betrogen'.

Ich finde ja auch, dass es Betrug ist, aber es ist erst Betrug, wenn der andere nichts davon erfährt. Und die früher meinten, dass es Betrug wäre, wenn der Partner es erfährt. Ach, ich weiß nicht, was ich machen soll'. Ich überließ mich meinen Spekulationen und hoffte auf den Zufall. Der kam aber nicht.

Ich habe mich dann doch der Oma anvertraut. Die war nicht so dumm, wie ich dachte.

Sie sagte so: „Wenn du ein Kind von ihm haben willst, kannst du es ihm sagen. Vielleicht will er es auch. Wenn er aber ‚Nein' sagt, kannst du in Zukunft reden, soviel und was du willst, dann ist der Zug abgefahren, und du wirst die eigentliche Zustimmung von ihm nur noch schwer bekommen. Bei Männern ist das so. Wenn du also unbedingt ein Kind von ihm haben willst, dann darfst du ihn nicht fragen.

Du kannst dich zum Beispiel rarmachen. Das ist auch eine Methode. Bei Eurer heutigen Freizügigkeit ist das aber für einen Mann gar kein Problem. Der findet immer was und wartet, bis du dich nicht mehr so anstellst.

Noch einfacher wäre es, die Pille wegzulassen. Das ist aber Betrug, und wenn es an die Unterhaltszahlungen geht, kann er immer sagen, dass du ihn hintergangen hast; dass du den Verkehr nur gesucht hast, um ein Kind zu bekommen. Das ist auch nicht gut und du stehst schlecht da.

Und warum die Kuh, die Milch gibt, schlachten, he? Vielleicht liebst du ihn sogar, dann kommt so etwas für dich schon gar nicht in Frage.

Ja, und dann gibt es noch die ‚einfache' Methode und die ist bestimmt die beste".

Ich hab' gefragt: „Und wie geht die?"

Sie wieder: „Sie ist nicht todsicher, aber sie hat sich bewährt. Erst einmal machst du ein paar Knöpfe deiner Bluse schön brav zu. Wenn er sich daran gewöhnt hat, machst du sie wieder etwas auf. Du wirst sehen. Dass du sie zugemacht hast, wird er kaum bemerkt haben, dass du sie aber wieder aufmachst, sieht er sofort.

Wenn er etwas dazu sagt, machst du sie noch weiter auf, dann kommt er und will 'was von dir. Das lässt du ruhig zu, aber jedes Mal, wenn es soweit ist, musst du sagen: ‚Du denkst nur an dich. Dass ich auch Wünsche habe, ist dir egal'. Oder so ähnlich. Dann fragt er schließlich nach deinen Wünschen. Die verrätst du aber nicht, die muss er erraten. Irgendwann trifft er ins Schwarze. Dann sagst du, dass du dir das doch so sehr von ihm wünschst, aber er und so weiter und so weiter. Und so komm der Wagen ins Rollen. Das alles immer, bevor er zu dir kommt, ist doch klar, oder?"

Ich sagte: „Nein, warum denn vorher? Da hört er doch sowieso nicht zu, und hinterher pennt er".

Sie wieder: „Mein Gott, hinterher nützt das doch nichts. Da ist doch alles passiert, ja?"

Sie hatte recht.

Ich sagte: „Und die Pille, die ess' ich doch vorher".

Sie wieder: „Ich glaub', die kannst du auch noch hinterher schlucken. Bis zu zwei oder sogar drei Stunden, glaub ich. Hauptsache ist, dass du sie regelmäßig isst. Und wenn es anders ist, dann sagst du, dass du mit seinem Einverständnis gerechnet hast und die Pille schon weggelassen hast. Dann lässt du sie eben von da an weg".

Ich: „Hört sich vernünftig an".

Sie wieder: „Willst du denn überhaupt ein Baby?"

Ich: „Ich glaube schon".

„Weißt du, Tanja", sagte sie, „wenn so ein Wurm erst einmal da ist, sieht alles ganz anders aus. Dann ist es, als wäre es schon immer da gewesen, als ob es niemals anders gewesen wäre.

Kein Mensch fragt dann, ob es nicht besser gewesen wäre ohne das Kind oder so. Auf so eine Idee kommt niemand mehr. Das wird immer nur vorher gefragt".

Ich wunderte mich, was die Alte alles drauf hatte.

Nachdem ich eine Woche hochgeschlossen herumgelaufen war, ließ ich wieder etwas nach. Mehr Großherzigkeit kam meiner Natur eher entgegen als so eine Stehkragenjungfernhaftigkeit. Draußen war es noch ziemlich kalt, so dass ich gewaltig fror, wenn ich nun, wieder offenherzig, mal nach draußen musste.

Der Österreicher bemerkte tatsächlich, dass ich mehr zeigte als zuvor und begann ein wenig mich zu umgarnen. Das gefiel mir und ich ließ ihn gewähren. Besonders stürmisch wurde er aber dadurch nicht, sondern er versuchte immerzu mit mir in ein Gespräch zu kommen, welches ich natürlich auf die gemeinsamen Bettstunden verlegen wollte. Es schien mir auch, dass er mir etwas sagen wollte, wofür er eine gewisse Überwindung brauchte.

Wenn ich dann zu ihm sagte: „Du, können wir nicht heute Abend darüber sprechen", dann war er zwar damit einverstanden, aber nicht wegen des Abends oder weil er dann allein mit mir war, sondern offenbar nur, weil es ihm lieb war, nicht schon jetzt damit herausplatzen zu müssen.

Ich lief ihm absichtlich mit engen Jeans vor der Nase herum und hatte ein dekolletiertes Oberteil mit eingebautem Formteil an. Ich fand, dass das schrecklich klemmte, aber es schob den Busen als zwei kleine Wellen deutlich aus dem Ausschnitt heraus. Es erinnerte mich ein bisschen an die Dekolletés von Burgfräuleins. Es war ein moderner Schnitt, und alles war aus glattem, schwarzem Leder. Natürlich völlig ohne Arme, schon wegen der Tätos.

Das Oberteil saß hauteng wie die Hose. Wenn ich mich im Spiegel betrachtete und vergaß, dass es überall drückte, fand ich mich: ‚Scharf. Scharf siehst du aus, Tanja. So gefällst du mir'.

Ich war mit meinem Aussehen also zufrieden, obwohl es eine richtige Anmache war und kam trotzdem auf meine Kosten.

Der Österreicher hatte offenbar andere Probleme. Mit denen rückte er nur langsam heraus. Er traute sich nicht recht, mit mir darüber zu sprechen.

Bei ihm war eine Bedienung ausgefallen oder er hatte sie hinausgeschmissen. Jedenfalls fragte er mich nach langem Zaudern, ob ich nicht aushelfen könnte. Eigentlich war dagegen nichts zu sagen, denn er war immer großzügig zu mir. Ich sprang ruhig ein. Darüber war er ungeheuer erleichtert.

So, wie ich aussah, passte ich total in den Laden. Die Männer, seine Kunden, fanden mich schick und versuchten ab und zu sich an mich heranzumachen. Das konnte der Österreicher tatsächlich verhindern. Dass ich mit dem Kassieren nicht zurechtkam, fiel überhaupt nicht auf, weil ich derartig viel Trinkgeld bekam, dass es den Österreicher überraschte. An einem Abend konnte ich manchmal über einhundert Euro kassieren. Das waren nur Trinkgelder. Fast alle Männer fragten mich nach den Tätowierungen und ich habe zu Anfang viel erklärt. Später habe ich nur noch gesagt: „Das sind alles Spuren von meinen Liebhabern".

Der Österreicher sagte mir, nachdem wir dieses Spiel schon über zwei Monate betrieben hatten, dass durch mich, und das könnte er ganz einfach vergleichen, der Umsatz sich mehr als verdreifacht hätte. Mir war das recht und die Arbeit machte mir Spaß. Dass wir nur nachts arbeiteten, kam mir gelegen. Der Umgang mit den Männern brachte das eine oder andere Mal tatsächlich eine Verabredung, oder sie gaben mir ihre Visitenkarte: „Ruf ruhig 'mal an. Bin jederzeit zu erreichen unter der Nummer. Sagst nur deinen Namen, das reicht, ja?"

„Ja, ja".

Es wurde aber nie etwas Ernstes daraus. Das verhinderte ich immer selber. Der Österreicher sprang nur ein, wenn jemand zudringlich wurde und mich angrapschte.

Die Männer, die in diese Spielbude kamen, waren fast nur auf das Spiel aus, und nicht auf eine Bekanntschaft. Das verstand ich überhaupt nicht, denn die Spiele waren ja immerzu die gleichen. Abend für Abend waren es die gleichen Spiele und die Männer, vor allen Dingen sehr viele, sehr junge Männer, waren wahnsinnig leidenschaftlich, verhext und wie besessen. Bei einigen musste ich stehen bleiben, um ihnen Glück zu bringen. Wenn sie gewannen, waren sie großzügig. Wenn sie verloren, waren sie es auch. Sie gaben mir dann trotzdem Geld als eine Art Opfer, um das Glück zu zwingen. Das wollten sie später nicht wieder zurück haben. Ich durfte immer alles Geld behalten. Einigen Spielern sah man an, dass sie süchtig waren, richtig süchtig nach dem Spiel. Vor denen hatte ich Angst. Auch die anderen gingen denen aus dem Weg. Man konnte es an ihren Augen sehen. Darin war ein irrer Blick. Die liebten auch nicht den Gewinn, weil sie ihn ja sofort wieder einsetzten. Die liebten nur das Spiel. Die liebten die Zeit, wenn das Spiel gemacht wurde. Ich konnte das nicht verstehen.

In diesen Wochen ließ ich mich kaum bei der Oma sehen und Zuhause war ich schon sehr, sehr lange nicht mehr gewesen. Ich bekam aber plötzlich Sehnsucht und fiel bei meinen Eltern ein.

Mein Hundi freute sich am meisten. Meine Mutter hatte eine Frage auf den Lippen, die hing bestimmt mit meiner Kleidung zusammen, aber die verkniff sie sich. Ich war müde und schlief im Flur auf dem Fußboden unter einer Decke. Hundi lag neben mir und wich nicht von meiner Seite. Das tröstete mich. Ich musste dabei einmal, ohne eine einzige Träne geweint zu haben, tief aufschluchzen. Ich fragte mich, schon halb im Schlaf, warum ich so ohne ersichtlichen Grund hatte aufschluchzen müssen. Das hatte mich ohne Ankündigung überrascht. Es war einfach mit dem Einatmen über mich hinweggegangen. Das kannte ich nur an mir, wenn ich gerade aufgehört hatte zu weinen, wenn keine Träne mehr kommen konnte. Ich schlief dann aber ein.

Nachts wurde ich hellwach. Alle schliefen fest. Da bin ich aufgestanden, hab' das Haus verlassen und bin den ganzen Weg zu Fuß zur Oma gegangen. Die bemerkte nichts von meinem Kommen. Dort ging ich ins Bett und schlief mich aus.

Am frühen Nachmittag erwachte ich. Die Oma war völlig überrascht, mich in ihrer Hütte zu sehen. Das fanden wir lustig und verbrachten einen schönen Nachmittag. Der Österreicher hatte ja keine Ahnung, wo ich sein könnte, und ich meldete mich nicht. Ich hatte mir vorgenommen, bei der Oma zu bleiben. Die Alte war gut zu mir.

Wir sprachen über meine Mühlen und ich sagte ihr: „Ich hänge nicht mehr an den Dingern".

Sie gleich: „Das ist gut".

Dann: „Kommst du morgen mit auf den Markt? Zum Einkaufen?"

Ich sagte: „Ja, mach' ich".

Ich zog mich pausenlos um. Meine schwarzen Hemdchen zog ich so herum und verkehrt herum an. Alles nur, weil mir das Umziehen Spaß machte.

Die eine Bluse, mit dem großen Rückenausschnitt war am attraktivsten. Ich zog sie auch verkehrt herum an. Ich war richtig albern und übermütig.

Mein Busen schwabbelte vorne im Rückenausschnitt.

So ging ich zur Oma und sagte ganz ernsthaft. „Ich muss jetzt zur Arbeit. Wie findest du meinen Auftritt?"

Sie kam nah heran und sagte genauso ernst wie ich: „Arbeitest du jetzt als Bardame, he?"

Das brachte mich auf den Boden zurück. Verflucht, die Alte hatte alles und alle durchschaut. Der Österreicher, dieses Schwein, hatte mich, statt mir ein Kind zu machen, auf eine ganz linke Tour zu seiner Bardame gemacht. Deshalb hatte er so herumgedruckst, weil er sich nicht getraut hatte, mir das richtig zu sagen. Und ich oberblöde Kuh hatte den ganzen Quatsch auch noch mitgemacht und gedacht, dass ich ihm helfen könnte. Dabei hat er mich noch nicht einmal aufs Kreuz gelegt, denn er hat bezahlt, er hat mich machen lassen, was ich wollte, und das allerschlimmste oder allerschönste war, dass ich ihn noch nicht einmal soweit hatte, dass er ein Kind von mir wollte.

Er konnte gar nichts dafür.

Trotzdem, nie im Leben würde der mich da wieder sehen. Glück hatte der gehabt, dass mir gerade bei der Alten ein Licht aufgegangen war. Dem hätte ich einen Tanz gemacht. Und ins Bett hat er mich auch immerzu gekriegt. Oh, mein Gott, was war ich für eine dumme Ziege. Für so saudämlich hätte ich mich selbst nie gehalten.

Ich dachte, wenn ich jetzt sofort mit der Pille aufhören würde, ob das wohl noch reichte, um ein Kind daraus werden zu lassen? War natürlich auch Unsinn. Das war gerade das besondere an der Pille: ‚Schützt bei regelmäßiger Einnahme'.

Ich sagte zur Oma: „Die einfache Methode hat nicht geklappt".
Sie: „So? Und warum nicht?"
Ich: „Weiß nicht, ich bin zu blöd".
Sie wieder: „Sei ehrlich, er weiß doch gar nichts davon, stimmt's? Hast du ihm gesagt, dass du ein Kind willst? Nein. Ich sag's dir auf den Kopf zu: hast du nicht, aber..."
Ich holte gerade Luft, um loszulegen, sie fuhr einfach fort: „Du darfst dabei eines nicht vergessen: wir sind nicht allein auf der Welt. Vielleicht sollte es nicht sein, noch nicht. Da oben ist noch jemand Höheres. Wer weiß, was der mit dir vorhat. Wer kann das wissen?"
Ich schnappte wieder nach Luft, aber sie ließ mich nicht zu Wort kommen: „Könnte doch sein, dass du den Richtigen erst kennenlernen sollst. Wer weiß das, Kind, warte ab".
Ob ich 'was zu dazu sagen wollte oder nicht, interessierte sie einen feuchten Käse. Sie schickte mich in den Keller: „Da steht noch eine schöne Flasche Schampus", sagte sie, „die holst du bitte rauf, die werden wir köpfen".
Aus Alkohol mache ich mir nun überhaupt nichts. Das konnte sie ja nicht wissen. Ich ging also runter, fand die Flasche und brachte sie nach oben. Es lag sicher daran, dass ich so selten trinke, und prompt lag ich nach dem ersten halben Glas der Oma an der Brust und heulte wie ein Schlosshund.
Die Kleider der Oma rochen ganz eigenartig, so dass ich es nicht lange aushielt. Das war ein Geruch, den ich kannte. Es war ein Geruch, der zugleich Erinnerung für mich war. Vor mir stieg ein blauer Fliederstrauch mit seinem warmen Duft auf, und es roch, nein, es schmeckte in meinen Mund nach Blut.
Ich erschrak darüber sehr. Um sicher zu sein, nahm ich einen Zipfel des Kragens ihrer Schürze, und wischte mir damit die Tränen ab. Ich roch noch einmal so intensiv und so unauffällig wie nur möglich. Es gab keinen Zweifel. Die Oma roch nach Flieder, und es schmeckte dabei in meinem Mund nach Blut. Das machte mich völlig unsicher und betroffen. Ich konnte nicht mehr weinen und wusste nichts mehr zu sagen. Ich war wieder völlig nüchtern.
Den ganzen Abend versuchte ich herauszubekommen, ob die Oma ein Parfüm benutzte, das ich nicht kannte. Ich untersuchte später und am anderen Tag alle ihre Seifen. Ich roch an ihrem Waschlappen, an ihren Handtüchern, an allen Kleidern und in ihren Kleiderschrank. Ich fand nichts.
Sogar den Kittel beroch ich noch einmal, als sie ihn kurz vor dem Weg zum Markt abgelegt hatte. Aber er roch, wie die Sachen einer alten Frau

riechen: nach Küche, etwas nach Schweiß, nach Körperlichem, nach nichts weiter. War alles nur Einbildung gewesen? Durch dieses Erlebnis war ich verstört. Ich konnte mir nichts richtiges vornehmen, wusste nicht mehr, was ich eigentlich wollte. Ich wusste überhaupt nichts mehr. Auf dem Markt tauchte die Erinnerung an den Fliederstrauch noch einmal auf. Es war mir unerklärlich, wie ich beides, den Geruch und den Geschmack, hatte wieder wahrnehmen können.

Die ganzen Tage, die ich bei der Oma verbrachte, blieb ich still und unruhig. Ich dachte nicht mehr an den Österreicher und schon gar nicht daran, wie ich von ihm ein Kind bekommen könnte.

Ich hatte meine Handtasche schon zigmal ausgekramt und darin ziellos herumgestöbert. Einige Visitenkarten waren dabei zutage gekommen. Die legte ich beiseite.

Eine war von einem Franzosen, eine andere von einem Süddeutschen. An dem hatte mir die Aussprache zu gut getan. Dann hatte ich noch eine Handgeschriebene. Davon hatte der einen ganzen Stapel gemacht. Waren alle mit der Hand geschrieben. Das fand ich witzig.

Er aber nicht: „Das ist der erste persönliche Eindruck, den ich vermitteln kann. Den darf ich doch nicht von einer Maschine herstellen lassen". Ich fand, da war 'was dran. Es war aber auch sehr viel Arbeit, die Dinger alle von Hand zu schreiben.

Eine andere stammte von einem gemütlichen Dicken, einem Schweden. Der war auf der Durchreise. Er hatte hier Station gemacht. Wenn mir gar nichts weiter einfallen würde, könnte ich den in seinem Hotel anrufen. Der würde sich bestimmt freuen. Irgendwie erinnerte er mich an meinen Hundi.

Der Schwede musste in einem vernünftigen Alter sein. Ich schätzte so um die vierzig. ‚Dick und älter', dachte ich, die sind treu. Dick ist gemütlich, das wärmt so schön von innen'.

Die anderen waren junge Springer, so um die zwanzig. Ich habe es lieber, wenn mein Freund nicht so jung ist. Mögen könnte ich sie trotzdem alle. Aber der Schwede war wirklich ganz süß.

Der sagte doch einmal zu mir: „Weißt du, wir beide könnten richtig verliebt ineinander sein. Du bist so hübsch. Weißt du das?"

Ich fand den so süß, zum Anbeißen. Dann hat er mir einfach seine Visitenkarte hingehalten.

Die Oma rief nach mir. Sie wollte zum Markt. Ich ging mit. Das hatte ich ihr ja versprochen. Von da brachte ich mir zwanzig grüne Stengel mit. Es waren Narzissen, deren Blüten noch völlig geschlossen waren. Sie sahen aus, als würden sie es niemals schaffen, da herauszuwachsen und mit ihren strahlenden Gelb und ihren königlichen Formen zu erscheinen. Sie hatten jetzt wirklich nur eine Verdickung. Die war ebenso grün wie die Stengel selbst.

Ich wollte ihnen bei mir, in der Vase, zuschauen können, wie sie aufblühen würden. Es fiel mir immer wieder schwer, zu glauben, dass aus diesen hässlichen Stengelenden so schöne Blüten hervorbrechen würden, obwohl ich wusste, dass das so ist, und obwohl ich es mit eigenen Augen schon oft genug gesehen hatte.

Die zwanzig Blumen waren nur zwei Bunde. Die hatte ich mir an einem Stand geben lassen wollen.

Die Marktfrau hatte sie unter dem Tisch in einem Pappkarton liegen. Als ich danach fragte, wollte sie mir die nicht verkaufen.

„Tanja, ich geb' dir schon Angeblühte, die sind weiter auf, aber nicht die ganz Grünen".

Damit packte sie mir einfach die anderen ein.

Als sie mir die geben wollte, sagte ich ganz leise: „Nein, bitte nicht. Bitte die anderen".

Ich sah, wie der Frau Tränen in die Augen schossen. Sie sagte aber nun nichts, packte die Blumen wieder aus und nahm wirklich die grünen und wickelte die ein.

Dann sagte sie: „Nimm sie. Bitte", und legte mir die in die Hand. Ich wusste, sie würde jetzt keinen Cent von mir nehmen wollen. Ich war mir aber nicht ganz sicher und lächelte und wartete einen kleinen Augenblick ab. Sie streichelte mir kurz über die Hand und schob mich tatsächlich mitsamt den Blumen von sich weg und auf den Weg. Ich hatte das Gefühl, dass sie sich zwang, mir nicht weiter nachzuschauen.

Sie bediente eine andere Kundin. So sind die auf dem Markt zu mir. Das ist ein ganz eigenartiges Völkchen.

XV.

Ein schöner neuer Tag, der mit Sonnenschein beginnt, mit Sonne, die mir direkt ins Gesicht fällt, die mich schon im Bett durch ein Fenster begrüßt, ein neuer Tag, der mich so begrüßt, ist für mich wie der Beginn eines neuen Lebens.

Ich hatte sofort den Gedanken: ‚Heute besuch ich meine Eltern. Vielleicht hat Mami sich beruhigt und nörgelt nicht mehr an meinen Sachen herum'.

Außerdem, so beschloss ich, würde ich, wenn ich sie heute besuchen ginge, in einem ganz braven Kleid aufkreuzen. Ja, in einem Kleid und nicht in Hosen. Sicher hatte sie bei meinem letzten Auftritt einen Schlag bekommen. Ich musste ihr ja als Flittchen vorgekommen sein. Hätte in der Aufmachung glatt vom Strich kommen können. Ich hatte gesehen, wie es ihr auf den Lippen brannte, dazu etwas zu sagen. Sie hatte es sich aber verkniffen. Wahrscheinlich wäre es am nächsten Morgen zur Sprache gekommen. Bestimmt.

Zu meinem Vater wird sie wieder gesagt haben: ‚Heute sag' ich nichts zu ihrem Aussehen. Tanja soll sich erst einmal wieder wie Zuhause fühlen'. Kenn' ich alles. Dem sagt sie nie die Wahrheit. Will er auch gar nicht wissen. Komisch eigentlich. Wahrscheinlich schön bequem für ihn: ‚Was ich nicht weiß, macht mich nicht heiß'. Nach so einem Spruch lebt er. Herrlich war der Morgen: ‚Tanja, freu dich, es wird ein goldener Tag. Freu' dich darauf'.

Die Oma war auch guter Dinge. Der Österreicher konnte nicht stören und der Schwede war mir egal.

Wenn ich das schon höre: ‚Bin auf Geschäftsreise, auf der Durchreise'. Man sollte denken, dass Geschäftsreisen etwas Schlimmes sind oder doch etwas Unangenehmes, weil sie mit Entbehrungen zu tun haben. Ist aber nicht so. Es wird hingestellt, als hätte derjenige, der sie macht, eine Freikarte für die Eroberung der Welt gewonnen. Einerseits wollen diese Typen dauernd bedauert werden, wie schwer sie es haben. Wenn man aber was sagt, sind sie empört. Andererseits haben sie sich dieses Leben aus dem Koffer gewünscht: „Das ist das wahre Leben".

Alles Spinner. Die denken nur ans Geld. Das ist alles: money, money, money. Wahrscheinlich haben sie ihre Gedanken sogar in den verschiedenen Währungen im Kopf. Naja, gibt natürlich Ausnahmen. Gut, also reg' dich wieder ab, Tanja. Heute besuchst du deine Eltern und bist das artigste Mädchen von der Welt.

Die Oma hatte Frühstück gemacht, und ich sagte zu ihr: „Ich möchte dir Geld geben, weil ich doch so oft hier bin, und du immer alles bezahlst".

Sie: „Hast du denn was?"

Ich: „Ja, sehr viel. Trinkgeld und der Österreicher war auch nicht knauserig. Ich habe reichlich".

Damit holte ich meine Handtasche hervor, die war dick und prall und ging kaum zu. Ich legte ihr daraus fünfhundert Euro auf den Tisch. Die Alte sah gar nicht richtig hin. Mit der linken Hand schob sie das ganze Geld zurück, dass es mir in den Schoß segelte: „Heb's dir auf, du dummes Küken".

Dann beugte sie sich zu mir und gab mir einen Kuss auf die Stirn. So ist die. Nie will sie etwas haben. Vielleicht sollte ich ihr ein Geschenk machen. Es hatte auch keinen Sinn, ihr das Geld aufzudrängen. Ich glaube, sie wollte und sie brauchte es nicht.

Ich habe versucht, das Geld wieder zurück in die Tasche zu stopfen. Es war nämlich so viel Geld, ich glaube an die fünftausend oder sechstausend Euro, dass sie sich gar nicht mehr richtig schließen ließ. Ich wollte das Geld auch irgendwie loswerden. Ich hatte keine Lust es immerzu mit mir herumzuschleppen und holte alles heraus. Ich wollte es zählen und leerte die Tasche auf dem Tisch aus. Das war mir dann aber auch zu blöd. Die Oma sah mich mitleidig an. Sie nahm alles Geld an sich, zählte es sorgfältig und langsam und sagte: „Das sind fast neuntausend Euro. Das schlepp lieber nicht mit dir herum. Geh in den Keller. Hinter dem Wein steht eine Kassette. Da liegt mein Geld drin. Nimm dir einen Umschlag und leg' deins dazu. Schreib' deinen Namen rauf, aber ganz groß, damit ich es nicht verwechsle. Du kannst doch nicht so viel Geld mit dir herumschleppen, Kind".

„Du hast recht. Ist die Kassette offen?"

„Bestimmt. Die hab' ich noch nie abgeschlossen".

Ich steckte mein Geld in einen Umschlag, ging in den Keller und tat es dort noch einmal in eine Tüte, auf der ganz groß mein Name stand. Nun war ich es los.

Das erleichterte mich.

Ich hätte zwar keine Angst gehabt, mit dem Geld herumzulaufen, aber ich fand es besser so. Und ein Depot hat auch seine beruhigende Wirkung. Ich hatte inzwischen gelernt, dass es ganz gut sein konnte, über eigenes Geld zu verfügen.

Die Sonne hielt sich, und ich begann einen ausgedehnten Spaziergang. Zum Schluss wollte ich bei meinen Eltern ankommen. Der Oma sagte ich nur, dass ich spazieren gehen würde. Sie fragte zum Glück nicht nach, ob ich zum Mittagessen wieder da sein würde oder so.

Draußen war die Luft fast lau, es war eine Art beginnender Frühling. Man hörte das Klingeln der Blaumeisen. An liebsten hätte ich meine Arme in die Luft geworfen, nur um zu sehen, was dann passieren würde. Ich ließ mich gehen und wollte auf nichts mehr achten müssen. Das kam, weil mich eine innere Leichtigkeit überraschte. Das war ein sonderbares Glücksgefühl: Nie in Leben würde ich wieder wegen irgendetwas Angst haben müssen. Es schien mir geradezu lächerlich, jemals Befürchtungen gehabt zu haben.

Ich begann mit dem ganzen Körper ein wenig zu schwingen und geriet dabei ins Schwanken, als ob ich innerlich tanzen würde, als ob ich mit einer inneren Musik, die gar keine richtigen Töne hatte, die einfach nur da war, in Einklang geraten wollte. Ich musste mich an einer Hauswand abfangen. Alles drehte sich in meinem Kopf. Ich legte die Stirn an das kalte Mauerwerk und empfand eine köstliche Frische.

Eine Frau sagte neben mir: „Kann ich Ihnen helfen? Ist Ihnen nicht gut?"

Ein Mann stand etwas weiter fort, und der: „Hat sie 'ne Fahne?"

Die Frau: „Ihr geht es nicht gut, das siehst du doch".
Und zu mir: „Sie sind ja ganz blass".
Dadurch, dass ich mich so solide angezogen hatte, bekamen die beiden einen guten Eindruck von mir.
Ich sagte: „Mir geht es wirklich gut, ich glaube, das kommt von meiner Schwangerschaft". Dabei lächelte ich die Frau an.
Die sagte gleich: „0, Gott. Sind Sie wirklich sicher, dass alles in Ordnung ist?"
Ich: „Ja, ja, geht schon wieder. Ist ja keine Krankheit".
Das munterte die Frau auf. Sie legte ihren Arm um mich und ging mit mir ein paar Schritte in die falsche Richtung.
Ich sagte zu ihr: „Vielen Dank, Sie sind sehr lieb. Ich kann jetzt alleine weitergehen, ich muss sowieso in die andere Richtung. Danke".
Die Frau wollte ihren Arm gar nicht wieder von meiner Schulter nehmen.
Ich schob ihn aber ganz sorgfältig und langsam über meinen Rücken und musste dabei ihr Handgelenk anfassen. Sie wurde nun willig und sah auf meine Hand an ihrem Arm.
Der Mann war stehen geblieben.
Die Frau schwieg eine Weile, dann blickte sie auf und sagte: „Also, alles, alles Gute für Sie. Soll ich nicht doch noch ein Stück mitkommen?"
„Nein, danke. Es wird schon gehen, muss gehen. Vielen Dank".
Sie wieder: „Seien Sie tapfer. Auf Wiedersehen".
Nach etwa zwei Metern kam sie hinter mir her und sagte mir ins Ohr: „Wissen Sie, dass werdende Mütter eine ganz besondere, eine innere Schönheit ausstrahlen?"
„Ja?"
„Wirklich, Sie sind das lebende Beispiel dafür. Ihnen strahlt buchstäblich ein Glück aus dem Gesicht, dass man sich dem nicht entziehen kann". Damit gab sie mir einen Engelskuss auf jede Wange. Ich mochte das. Ich erwiderte den aber nicht. Das erwartete sie auch nicht. Sie ging fort, als hätte sie einer Sache zur Vollendung verholfen. Mein Glücksgefühl hielt an, und ich kam an das Haus meiner Eltern. Leider hatte ich den falschen Schlüssel eingesteckt, jedenfalls passte er nicht.
Ich versuchte es immer und immer wieder, aber er öffnete nicht. Ich konnte mir nicht erklären, warum ich einen falschen Schlüssel hatte, denn mein Schlüsselbund war immer das gleiche. Ich dachte zum Schluss: ‚Die werden wohl ein neues Schloss eingesetzt haben, oder dein Schlüssel klemmt'.
Ich klingelte also. Es machte niemand auf. Der Hund schlug auch nicht an. Das tat er bei mir sowieso nicht, aber ich hätte ihn normalerweise hinter der Tür schnaufen und vor Freude jaulen hören müssen.

Diese Stille gefiel mir nicht. Ich hatte es bereits dreimal versucht. Jetzt erst fiel mir auf, dass ich die Klingel nicht, wie gewohnt, hören konnte. Da stimmte etwas nicht.

Ich schaute nun suchend überall herum und entdeckte einen Zettel an der Tür. Er war von meiner Mutter geschrieben und in eine Ritze im Holz geschoben: „Bitte melden bei der Nachbarin, Frau Z".

Die kannte ich. Warum sollte man sich denn bei der melden? Ich ging hin.

Frau Z. kam an die Tür: „Hallo, Tanja, hast du noch `was vergessen? Kommt vor, nicht? Warte, ich geb' dir den Schlüssel. Ist schon ein neues Schloss drin. Bring' ihn mir nachher wieder. Ach, hier ist noch ein Brief für dich. Von deinen Eltern".

Sie gab mir einen Brief im Umschlag, den Schlüssel und fragte: „Wird's lange dauern?"

Ich sagte, weil ich auch nicht wusste, was in dem Brief stand: „Nein, nein. Ich bring' den Schlüssel gleich wieder".

Dann ging ich nach nebenan und schloss auf.

Im Eingang gähnte mich eine schreckliche Leere an. Alles war fremd. Die Läufer waren fortgeräumt, der Schlüsselkasten war nicht an seinem Platz. Dort, wo kleine Bilder gehangen hatten, zeichneten sich helle Flecken an den Wänden ab. Die Tapete sah schmutzig und verstaubt aus. Meine Mutter war eine Frau, die immer alles sauber hielt. Reinlichkeit ging ihr über alles. Wie oft hab' ich mich deswegen mit ihr gestritten. Das hier musste sie übersehen haben. Ich setzte mich auf die unterste Treppenstufe und langte nach oben, um, das Licht anzumachen. Aber selbst die Lampen waren fort. Ich öffnete den Brief und las in dem Dämmerlicht, das von draußen durch das Fenster in der Eingangstür hereinfiel.

Es war natürlich meine Mutter, die geschrieben hatte:

"Liebe Tanja,

wenn du diesen Brief liest, sind wir schon umgezogen. Sieh mal, du und deine Schwester sind kaum noch zu Hause, und wir haben mit dem Haus so viel Arbeit, wo wir doch beide berufstätig sind. Papa hat für die Bienen ein wunderbares Quartier außerhalb gefunden und wir haben nun eine Wohnung dort in der Nähe bekommen können. Wir sind umgezogen. Wir konnten dich nicht erreichen. Der Österreicher hatte deine Adresse auch nicht. Als du kürzlich bei uns warst, wollte ich dir alles erzählen, aber du bist dann ja wieder auf und davon. Natürlich kannst du jederzeit bei uns unterkommen, wenn du willst. Genauso, wie deine Schwester. Wir haben es jetzt sehr gemütlich. Hundi fühlt sich auch wohl. Wir haben den Wechsel gut überstanden. Besuch' uns bitte.

Die neue Anschrift steht unten.

Gruß,

Mami".

Ich weiß nicht warum ich es tat, aber ich habe den Brief nur dieses eine Mal gelesen und ihn dann ganz langsam erst in Streifen und die Streifen dann in Stücke gerissen. Die Stücke wurden so winzig, dass sie als segelnde Flocken zu Boden schwebten. Ich blieb lange dort sitzen und starrte ohne Gedanken auf die Schnipsel.

Erst nach einer ganzen Weile besann ich mich: ‚Wer weiß, vielleicht willst du später einmal den Brief wieder und wieder lesen. Du solltest alles aufheben und wieder zusammenkleben'.

Ich machte mich also daran, das ganze Werk einzusammeln. Vielleicht würde ich es schaffen, wenigstens den geschriebenen Teil noch halbwegs lesbar wieder zusammen zu flicken.

Den Umschlag hielt ich noch in der Hand. Dort hinein füllte ich alles. Dann ging ich die Treppe nach oben, um mir alle Zimmer ein letztes Mal anzuschauen. Es war trostlos. Nichts mehr verband mich mit ihnen.

Es gab auch nichts wiederzuerkennen. Die Zimmer schienen mir viel größer zu sein als sonst. Ich hatte sie so viel kleiner in Erinnerung. Der Flur war ewig lang, dass ich meinte, in einem Museum zu sein. Aus einer offenen Zimmertür glaubte ich für einen Augenblick meine Mutter kommen zu sehen.

Dass Hundi hier nicht herumturnte, machte alle Zimmer und das ganze Haus zu einer leblosen Scheune, zu einem Gehäuse, in welchem ich mich einmal ausgekannt haben sollte. Ich konnte und ich wollte das nicht glauben. Es musste doch irgendetwas Vertrautes für mich zurückgeblieben sein. Es musste sich doch noch etwas finden lassen können, dass mir bestätigen würde: ‚Siehst du, Tanja, es ist nicht alles verloren. Dies ist ein Beweis, dass du hier wirklich gelebt hast, dass dies einmal dein Zuhause gewesen ist'.

Eine Sache wenigstens, nur einen Gegenstand, nur ein Stückchen das mir gehört hatte, wollte ich finden. Das Haus sollte in meiner Erinnerung nicht leer bleiben, es sollte mich mit einem kleinen Abschiedsgeschenk entlassen. Dann, das versprach ich, würde ich allen verzeihen.

Was faselte ich da?

Wem würde ich was verzeihen?

Meine Eltern konnten doch machen, was sie wollten, oder etwa nicht? Doch, doch, aber sie hatten kein Recht, die Erinnerung an meine Jugend, an mein Zuhause, mit einem Umzug, mit einem einzigen Schlussstrich so zu beenden und so zu zerstören. Das Recht hatten sie nicht. Beruhig dich, Tanja, die werden sicher alles von dir mitgenommen haben. Die wollten außerdem nichts zerstören. Ist doch Quatsch. Die sind umgezogen, verstehst du, umgezogen. Millionen Menschen ziehen täglich um. Da wird das eine und das andere eben auch 'mal vergessen, stimmt's? Genau! Und danach suche ich jetzt.

Die Zimmer waren bis in die Winkel leer. Es gab nichts mehr, was an Vormieter oder Vorbesitzer erinnerte.

Ich kletterte auf den kleinen Boden. Nichts. Keine Schachtel, kein Karton, einfach nichts. Kein Stück war übriggeblieben.

Mich überkamen Wut und Trauer, und ich dachte: ‚Wenn ich gar nichts finde, schraube ich einen Schalter ab'. Aber dafür hatte ich kein Werkzeug. Und außerdem, was hätte das wohl gebracht.

Ich ging in den kleinen Keller. Der war so sauber, so ordentlich, und wieder so über alle Maßen leer, dass ich erschrak. Nein, es war ganz sicher, hier war nichts mehr zu holen. Mir blieb nur eines übrig: Mit Anstand und ohne Tränen Abschied nehmen. Wieder so ein dämlicher Spruch.

Ich fragte mich, woher ich diese Parolen hatte, so'n leeres Gequatsche. Ich müsste lügen, wenn ich jetzt Tränen wegen meines verlorenen Zuhauses vergießen wollte. Dafür war ich schon zu lange fort gewesen. Ein anderes Gefühl beschlich mich. Es war der Abschied für immer. Das war neu, das war schmerzlich. Das Haus wurde zwar nicht abgerissen, ich würde es mir jederzeit von außen wieder ansehen können, aber das war doch nicht das gleiche.

Ich suchte also weiter und saß schließlich wieder auf der untersten Stufe der Treppe im Eingang, wie zu Beginn.

‚Mein Gott, mein Gott', dachte ich, ‚lass ein Wunder geschehen, schenk mir eine Kleinigkeit, die ich anfassen kann, die ich mitnehmen kann. Erhöre mich'.

Ich seufzte nach diesem Stoßgebet und stand auf. Es war nichts mehr zu besorgen, nichts mitzunehmen, von gar nichts Abschied zu nehmen.

Ich wollte den Flur gerade verlassen, da fiel mein Blick auf einen Abreißkalender. Der hing noch an der Wand. Den hatten sie vergessen. Ich stand direkt mit meiner Nase davor.

‚Das', dachte ich sofort, ‚soll doch wohl nicht das Abschiedsgeschenk sein? Nein, lieber Gott, das nicht, das ist zu einfach'.

Ich spürte die Ohnmacht und dachte: ‚Das erkenne ich nicht an, das akzeptiere ich nicht'.

Ich ließ den Kalender hängen, wo er war und wunderte mich nur, dass ich ihn zuvor übersehen haben musste. Ich hatte doch überall ganz gründlich gesucht. Mein Stoßgebet schien zwar erhört, aber auf eine teuflische Weise erfüllt worden zu sein. So eine Erfüllung wollte ich nicht.

Ich ging hinaus, schloss hinter mir ab und sah auf die Uhr. Wenn ich richtig rechnete, war ich nicht einmal eine halbe Stunde drinnen gewesen.

Ich brachte den Schlüssel zur Nachbarin zurück: „Vielen Dank, Frau Z. Wissen Sie zufällig, ob es schon neue Mieter gibt?"

Sie antwortete schnell: „Natürlich, Tanja. So eine Wohnung kann doch nicht leer stehen, Mein Sohn und seine Frau werden dort einziehen. Deine Eltern wissen das".

Es war mir wirklich egal, wer die Wohnung übernehmen würde. Ich wollte nur für mich wissen, ob ich wirklich Abschied nehmen musste.

Ich sagte: „Das freut mich für Sie. Tschüss".

„Grüß deine Eltern, Tanja".

„Ja, mach' ich. Auf Wiedersehen".

Damit ging ich, und die Frau schloss ihre Tür ab. Ich hörte hinter mir, wie sie zweimal umschloss und noch eine Kette vorlegte. Wovor mochte die solche Angst haben? Wir wohnten hier in einer sehr ruhigen Gegend. Überall standen Einzelhäuser und die Nachbarn kannten sich seit Jahrzehnten untereinander.

Ich dachte: ‚Die spinnt'.

Vor unserem Haus stellte ich mich noch einmal an den Zaun und wollte alle Einzelheiten in mich aufnehmen. Den Flieder würde ich bestimmt nicht vergessen können. Ich wünschte ihm ein langes Leben. Der eigentliche Garten lag hinter dem Haus, aber ich hatte keine Sehnsucht, mir den noch einmal anzusehen. Mein Blick fiel auf den Mülleimer. Der stand fast an der Straße und jetzt genau neben mir. Ich starrte ihn an, als ob er mir etwas zu sagen hätte.

Ich erinnerte mich, wie ich damals die Blätter des Flieders dort hineingestopft hatte und konnte mir meine Mutter gut vorstellen, wie sie das Haus bei ihrem Auszug saubergemacht hatte, wie sie alles, was sie nicht mitnehmen wollte, in den Mülleimer gestopft hatte. Konnte ja sein, dass der noch nicht geleert worden war, konnte ja sein, dass er noch 'was Brauchbares enthielt. Der Deckel war ganz geschlossen. Er sah nicht so aus, als ob der Eimer voll wäre.

Ich guckte die Straße rauf und runter. Niemand war zu sehen. Ich langte über den Zaun und lüftete den Deckel ein ganz klein wenig. Gleich darunter lag schon eine volle Tüte. Ich traute meinen Augen nicht. Es war meine eigene Sammeltüte. Die hatte immer in meinem Bettkasten gelegen. Dahinein hatte ich schon als Mädchen meine Schätze getan. Es musste auch noch mein Name darauf stehen. Ich warf den Deckel ganz nach hinten und nahm die Tüte heraus. Sie war so, wie sie seit Jahren unter meinem Bett gelegen hatte, in den Müll gewandert. Auf der anderen Seite stand auch tatsächlich mein Name. ‚Das nenne ich Glück. Das, mein lieber Gott, nenne ich aufmerksam'. Bei dem Gedanken an mein Stoßgebet und die jetzige Fügung zog für einen Augenblick ein Frösteln über meinen Rücken. In der Tüte waren nur wertlose Dinge, aber unter diesen Umständen gewannen sie für mich an Bedeutung. Nie wieder hätte ich sie zurückerhalten können. Ich nahm die Tüte in meine Arme und drückte sie fest an meine Brust. Ich umschloss sie wie ein Kind, dass mir durch ein kleines Wunder in die Arme gelegt worden war. Das war also der Grund für meine Sehnsucht nach Zuhause gewesen. Ich forschte nicht weiter in den Abfällen herum, sondern war zufrieden mit meinem Fund und wanderte den ganzen Weg zur Oma zurück. Das dauerte ziemlich lange und ich kam spät an.

Die Alte freute sich, als sie mich wiedersah. Ich erzählte ihr, dass ich eine fummelige Aufgabe zu erledigen hätte. Von dem Umzug meiner Eltern sagte ich ihr nichts: „Ich habe mir ein Puzzle mitgebracht".

„So ein Spiel für Verrückte? Zum Zusammensetzen?" Sie lachte dabei. „Hab' ich früher auch gemacht. Ich hatte eines mit über tausend Teilen", erzählte sie.

Ich sagte: „Meines ist nicht ganz so groß, aber es sind dafür alles winzige Schnipselchen aus Papier. Ich will einen Brief wieder zusammensetzen".

„Ach", sagte sie, „das Spiel kenn' ich. Hast ihn vor Wut zerrissen und nun willst du ihn wieder ganz haben, he?"

„Ja, so ungefähr". Ich ging in mein Zimmer und schüttete alle meine kleinen Habseligkeiten aus der Tüte auf den Tisch. Das meiste, muss ich ehrlicherweise sagen, konnte ich nicht mehr erinnern. Das störte mich aber nicht. Alles gehörte mir, alles war ein Stück meiner eigenen Vergangenheit. Unter anderem fand ich ein kleines Landschaftsbild, richtig in Öl gemalt. Darunter stand mein Name. Der Name war so geschrieben, wie ich ihn immer selbst geschrieben habe. Dass dieses Bild aber wirklich von mir sein sollte, konnte ich nicht glauben. Ich dachte nach und dachte nach, erinnerte mich aber nicht.

Ich hatte mich ein wenig aufs Bett gelegt und war darüber eingeschlafen. Spät in der Nacht, erwachte ich, weil ich fror. Ich hatte einen Traum gehabt. Im Traum hatte ich den Mülleimer geöffnet und mich selbst daraus hervorgeholt. Ich war mir dann weggelaufen.

Ich holte mir eine Decke und schlief wieder ein.

Der andere Tag begann so schön wie der gestrige. Ich war aber misstrauisch und blieb die ganze Zeit in der Wohnung. Am Nachmittag begann ich mit meinem Puzzle. Das dauerte bis nachts um elf Uhr. Ich musste sehr oft die Schnipsel hin- und her drehen, um die Vorder- und die Rückseite zu unterscheiden. Wenigstens die Schrift wollte ich wieder lesen können. Mit viel Herumrätseln gelang es mir schließlich.

Als ich fertig war, dachte ich: ‚Wie gut, dass du die Schnipsel überhaupt mitgenommen hast. Sonst wüsstest du noch nicht einmal, wohin deine Eltern verzogen sind. Das stand ja nur als Fußnote darunter'.

In den nächsten Tagen habe ich das kleine Ölbild rahmen lassen. Der Rahmen war geschnitzt und vergoldet.

Das war nicht billig.

Als es dann fertig war, erkannte ich es nicht wieder, so sehr hatte es sich verändert. Es schien mir ein ganz großes Meisterwerk zu sein. Ich hängte es in meinem Zimmer auf.

Dann dachte ich an den Schweden.

XVI.

Mit dem Schweden verbindet mich eine völlig unnormale Leidenschaft. Leidenschaft ist deshalb das richtige Wort, weil wir uns in unserer Liebesbeziehung sehr viel Schmerzliches zugefügt haben. Dabei litt er unter mir wahrscheinlich mehr als ich unter ihm.

Kennengelernt haben wir uns beim Österreicher. Das Gute am Schweden war, dass er nicht spielte. Er suchte nur Unterhaltung und Ablenkung. Dass ich auf ihn aufmerksam wurde, kam, weil seine Augen meistens an meinen Fußspuren hingen und nicht nur an denen. Er wurde nicht zudringlich oder etwa aufdringlich. Mehrere Abende hintereinander kam er in die Spielbude und sagte einmal: „Bist du die gute Fee in diesem Laden?"

Er hatte mich früher schon einmal angesprochen und mir dabei seine Visitenkarte gegeben. Ich fragte zurück: „Findest du?"

Er wieder: „Ja, finde ich".

Etwas später kam er noch 'mal an: „Du weißt doch, dass ich dich mag. Bist du verheiratet?" Das war ganz schön plump, und ich antwortete: „Verheiratet? Nein, aber wenn ich heirate, dann den da drüben. Der weiß nur noch nichts von seinem Glück". Ich zeigte ganz kurz auf den Österreicher.

Da hat der Schwede gelacht. Das fand ich frech.

In der Spielbude geht es immer bis kurz nach Mitternacht. Dann hat mich der Schwede noch einmal angesprochen: „Du, ich wüsste, wo man noch essen gehen kann. Hast du nicht Lust mitzukommen? Ich möchte dich so gerne einladen".

Darauf, wie es zwischen mir und dem Österreicher stand, nahm der überhaupt keine Rücksicht.

Dann: „Noch bist du doch frei, oder?"

Schließlich habe ich gedacht: ,Sympathisch ist er mir. Er wird wenigstens vernünftig mit mir essen gehen, und es nicht so eilig haben'.

Gesagt habe ich aber: „Du wohnst im Hotel, ja? Na, ist gut. Ich bin bald fertig, dann können wir los. Aber nur essen, klar?"

„Ja, ist klar".

Er hatte nur wenig getrunken. Das fand ich auch gut. Dem Österreicher brauchte ich nichts zu erklären. Der war beschäftigt. Wir zogen also los. Er wusste ein wirklich gutes Restaurant, und wir haben uns sehr nett unterhalten. Der Bursche flog auf mich. Das spüre ich und das mag ich. Wenn's bei mir so anfängt, dann endet das meistens bei ihm. Also sind wir nachher zu ihm aufs Zimmer. Das fand er wohl ganz normal. Wir haben es uns gemütlich gemacht, obwohl es schon auf den frühen Morgen zuging. Er bestellte noch etwas zu trinken, aber nur für sich. Ich mochte keinen Alkohol, schon gar nicht so spät.

„Weißt du, Dicker", sagte ich, „morgens trinke ich schon mal ein Glas Sekt. Das regt den Kreislauf an. Aber wenn ich nachts trinke, kann ich überhaupt nicht einschlafen".

„Ist doch gut, wenn du schön wach bleibst".

Er setzte sich dann zu mir auf die Armlehne vom Sessel und war mit seinen Händen überall.

Ich sagte: „Kann ich mich ein bisschen frisch machen?"

„Ja, da drüben. Du bleibst also?"

„Wenn du artig bist, vielleicht".

Da hat der Dicke sich richtig gefreut. Ich hatte beinahe den Eindruck, dass er rot wurde und sich ein bisschen schämte. Das konnte ich aber nicht richtig glauben.

Ich bin also ins Bad und hab' mich frisch gemacht und bin auf die To gegangen. Er zog sich im Zimmer um.

Er rief zu mir: „Kann ich zu dir kommen?"

Ich dachte: ,Hier im Bad? Das muss doch nicht sein. Vielleicht noch auf den harten Fliesen? Wirst es schon noch abwarten müssen'.

Er stand aber schon in der Tür und schaute zu mir.

Wenn ein Mann zu heiß ist, geht das ruck zuck. Das mag ich nicht. Das ist mir zu schnell. Dann habe ich nichts davon. Ich will aber auch etwas davon haben. Ich spür' sofort, wenn einer das nicht abwarten kann. Meistens ist es aber dann schon zu spät. Passiert mir oft.

Der Schwede stand in der Tür und schaute nur auf mich. Bei dem regte sich nichts. Ich dachte: ,He, was hat der denn. Braucht der nur 'ne Mutti zum Schnullern? Kann doch wohl nicht sein. Oder ist der'n Homo. Na, besser so als anders. Homos können sehr nett sein. Und wenn er keine Lust hat, umso besser'.

Eigentlich wollte ich mir ein Handtuch umbinden. Das reicht immer ganz genau vom Schritt bis eben über die Brust. Bei dem war das aber alles nicht nötig. Der fuhr einfach nicht auf mich ab.

‚Tanja', sagte ich mir, ‚das spricht nicht für dich. So etwas erlebst du selten. Na gut'.

Ich ging an ihm vorbei, wollte ich jedenfalls, da waren seine Hände wieder überall an mir.

‚Na also, klappt ja doch', dachte ich, aber sonst tat sich bei ihm immer noch nichts. Ich habe mich deshalb aufs Bett gelegt. Ganz schlicht: Arme hoch und Beine ganz normal.

‚Das muss nun aber reichen', dachte ich. Ich wurde langsam müde.

Er kam mir nach und versuchte es an mir und an sich.

Nichts. Ich dachte: ‚Muss ja nicht sein', und habe ihm gesagt: „Lass dir Zeit, Dicker. Komm leg dich zu mir". Das tat er auch.

Wir haben versucht uns zu unterhalten, aber er wollte mir immerzu erklären, warum es nicht klappte. Ich wollte das gar nicht wissen und drehte mich um und lag nun auf dem Bauch. Das reizte ihn wieder ein wenig und er versuchte mich zurückzudrehen: „Sieh mich an. Ich muss dir das erklären".

„Brauchst du nicht. Kommt eben vor. Dicker, leg dich zu mir und schlaf".

Ich begann schon in kleinen Etappen wegzutreten. Ich hörte trotzdem, wie er sagte: „Das hängt mir dir zusammen".

Ich wieder: „Nu, schlaf. Wir holen das nach. Versprech' ich dir. Wahrscheinlich erinnere ich dich an deine Mami, ja? Mach' dir nichts draus. Ich bin sowieso müde".

Dann hat der sich zu mir gelegt und ich habe mich so richtig in ihn hinein gekuschelt. Das wurde eine schöne Nacht für mich. Für ihn wohl nicht so. Ach, wenn man die Männer öfter mal dazu bringen könnte, dass sie einem zum Nest werden. Er war auch sehr lieb zu mir und hat mir den Rücken gestreichelt. Am nächsten Morgen war er vor mir wach, war mucksmäuschenstill beim Anziehen und hat mich mit der größten Liebe wach geküsst. Es war wie in einem Märchen.

Er hat mich an dem Morgen auch nicht mehr bedrängt.

In der Nacht habe ich ihn richtig liebgewonnen: „Du bist zum Anbeißen. Du bist ein ganz Süßer", hab' ich gesagt, und das hab ich auch so gemeint.

Tagsüber haben wir einen Stadtbummel gemacht, und er hat sich um mich gesorgt, als wäre ich hochschwanger oder irgendwie krank und könnte alleine keine drei Stufen hinaufgehen. Überall war er hilfsbereit und machte es mir bequem. Das kann ich nicht sehr lange aushalten, aber für einen Nachmittag habe ich mich darauf eingelassen. Dabei habe ich schließlich aus lauter Spaß mitgemacht und ein wenig übertrieben. Wir standen nämlich vor einem Schaufenster und ich konnte mich wunderbar beobachten. Hinter uns drängten sich noch andere Leute, es war Publikum vorhanden. Da habe ich ganz theatralisch meine linke Hand an die Stirn geführt und gesagt: „Oh, mein Dicker, mein geliebter Schatz, ich weiß nicht, wie wird mir, so komisch, so schwindlig. Ich glaube, ich habe einen Schwächeanfall".

Er nahm das für bare Münze: „Mein Gott, du wirst mir doch nicht ohnmächtig werden".

Ich habe mich neben ihn sinken lassen, und er musste mich richtig festhalten. Das fand ich super. Im Schaufenster habe ich alles beobachtet, und die Leute schauten nur noch auf mich und auf meinen großen, starken Retter. Beinahe hätte ich dabei lachen müssen.

Der Dicke nahm aber alles ernst und sagte in einem fort: „Daran hab' ich die Schuld, das ist nur meine Schuld. Komm, ich helf dir auf die Bank".

Eins, zwei, drei saß ich auf der Bank.

Eine Frau kam zu mir und sagte: „Immer dasselbe. Die Männer haben nur ihren Spaß. Aber wenn es ernst wird, wissen sie nicht, was sie tun sollen. Lassen Sie ihn mal ordentlich schmoren. Sind alles Verführer. Aber wir zwei wissen Bescheid, nicht wahr. Sie machen das goldrichtig".

Damit schüttelte sie mir die Hand mit einem derartig festen Händedruck, als wäre ich ein Kerl.

Und zu dem Dicken sagte sie: „Zerbrechlich! Ich sage Ihnen nur eines: die Frau ist ganz zerbrechlich. Vorsicht, Vorsicht. Größte Vorsicht. Glauben Sie mir".

Dann gingen die Leute wieder auseinander, und der Dicke war nicht mehr zu beruhigen.

Ich sagte: „Du, das war doch nicht so gemeint".

Das verstand er noch falscher. Er hatte wirklich die Sorge oder die Angst, dass es mir fürchterlich schlecht ginge, und dass das nur seine Schuld war: „Ich mach mir die größten Vorwürfe, weil ich bei dir versagt habe, und ich weiß ganz genau, dass das das allerschlimmste ist, was einer Frau passieren kann. Von mir will ich gar nicht reden. Und statt dass du dich schonst, schlepp' ich dich auch noch mit in die Stadt. Das ist unverantwortlich von mir. Ich bringe dich jetzt zu dir nach Hause".

Ich dachte: ‚Der spinnt. Der ist nicht ganz richtig. Vor allen Dingen, was redet der von nach Hause bringen. Wohin will er mich denn bringen'.

„Ich bestell uns ein Taxi. Sag' du dann, wohin er fahren soll, ja?"

So war mir das gar nicht recht.

Ich sagte: „Du bist so lieb zu mir. Ich möchte bitte alleine fahren".

„Das ist auch gut. Ich werde dem Fahrer genügend Geld geben".

Er rief tatsächlich eine Taxe heran, beredete mit dem Fahrer etwas und schon saß ich drin, ganz allein und ohne Aufpasser.

„Der Fahrer gibt dir das Restgeld 'raus, wenn du Zuhause bist".

„Danke, mein Dicker. Bist ein richtiger Schatz".

Der Fahrer fuhr los.

Ich gab ihm eine Straße in der Nähe der Wohnung der Oma an. Ich wusste ja nicht, ob er dem Dicken wohlmöglich die Adresse durchgeben sollte. Man kann ja nicht wissen. In der Beziehung bin ich sehr misstrauisch.

Die nächste Nacht war ich wieder beim Österreicher. Wir hatten aber keinen Verkehr miteinander. Die Nacht darauf wollte der Schwede mich wieder in seinem Hotel haben. Ich fand, dass er ein Recht darauf hatte. Wir gingen wieder essen, dann zu ihm und das gleiche Theater, bis ich bei ihm einschlief und mich wieder so herrlich wohl fühlen konnte. Darauf hatte ich insgeheim gewartet. Ich war darüber glücklich und war dem Dicken dankbar. Auf alles andere konnte ich gut verzichten. Er litt aber sehr darunter, so dass ich ihm versprach, etwas für ihn zu tun, damit er auch zu seinem Recht kommen würde.

Wir ließen ein paar Tage verstreichen, dann nahm ich mir ein ganz heißes durchsichtiges Nachthemd mit und streifte es immer wieder an mir herunter, wenn er sich gerade ein bisschen vorbearbeitet hatte. Irgendwann, ich schlief schon fast, merkte ich, dass er in Stimmung kam. Das machte mich richtig munter und ich geriet nun auch in Fahrt. Ich wollte ihn aber nicht stören und hielt mich sehr zurück. Ich fühlte, wie er sein Ding endlich irgendwie in mir hatte und alles Mögliche dabei anstellte. Er schob mich quer über die Doppelbetten, bis ich mit meinem Kopf an die Bettkante stieß. Da hat er aber meinen ganzen Körper mit einer einzigen Handbewegung wieder richtig hingelegt. Im selben Augenblick hat er mich von hinten ums Genick gepackt, dass ich aufschrie: „Willst du mir den Kopf abreißen?"

Er: „Du darfst jetzt nicht reden, sonst klappt es wieder nicht".

Bei mir war auch schon alles in Wallung geraten und ich fand es nicht gut, dass er sich aufrichtete. Er rutschte wieder raus.

Er: „Es liegt an deinem Gesicht. Du bist so unantastbar, dass ich mich fürchte, dir etwas anzutun. Du bist so zerbrechlich schön. Ich kann es so nicht".

Nun wollte ich aber. In mir kochte es und ich sagte: „Dann mach das Licht aus".

„Das nützt alles nichts, ich sehe dich doch trotzdem".

„Meine Güte, wenn es daran liegt".

Ich stand auf, trippelte ins Bad und holte ein Handtuch: „So, leg' das drüber".

„Worüber".

„Über mein Gesicht, Dicker. Und denk an wen du willst. Gut?"

Da strahlte der Held. Ich legte mich wieder hin. Er deckte tatsächlich mein Gesicht mit dem Handtuch zu, war im nächsten Moment schon wieder drauf und wohl auch drin. Er war dabei aber nur mit sich beschäftigt. Das verrieten seine Hände auf meinem Schoß. Darüber wurde ich wütend. Seine Hände waren nicht da, wo sie hingehörten. Mir wurde das ganze zu bunt. Ich nahm das blöde Tuch vom Gesicht und sagte: „Lass mich das machen. Ich kann das besser".

Damit war er wieder draußen. Ich weiß, dass das gemein ist. Vielleicht war er noch nicht einmal an mir fertig geworden.

Er lag dann neben mir, als ein gestürzter Baum. Ich machte es mir allein. Er musste es ertragen. Es dauerte eine ganze Weile. Dann ließ es nach, und ich kroch zu ihm, als wäre nichts geschehen.

Er war sehr lieb und freundlich zu mir und nahm mich in seinen Armen auf.

Dann sagte er: „Ich möchte dir was Gutes tun. Hast du einen Wunsch?"

Ich habe immer Wünsche. Aber den Mann nun auch noch auszunutzen, fand ich unfair. Ich dachte also nach. Dann lachte ich und sagte, weil es so schön in den verrückten Abend passte: „Du kannst mir zur Hochzeit eine Windmühle schenken. Aber eine echte, eine die sich richtig dreht und auch funktioniert".

„Würdest du mich denn trotzdem heiraten?"

„Vielleicht. Ausfransen tu ich jedenfalls nicht bei dir".

„Gut, versprochen. Aber heute will ich dir etwas Geld geben, damit du dir selbst eine Kleinigkeit kaufen kannst".

„Wenn du unbedingt willst. Aber nur unter einer Bedingung, ja?"

„Die wäre?"

„Es darf nur ein einziger Schein sein".

Er sofort: „Das ist mir recht. Ein einziger Schein. Ich leg' ihn auf den Nachttisch".

Er hat mir tatsächlich Geld hingelegt. Aber ich war so müde und habe nicht nachgesehen. Gegen Morgen bin ich viel zu früh aufgewacht. Er schlief noch ganz fest. Da bin ich leise raus aus dem Bett, habe nur meine Sachen genommen und wollte hinaus.

Er hatte aber doch etwas bemerkt, denn er kam kurz hoch und fragte: „Ist was?"

„Nein, nein, schlaf weiter".

Ich bin in Richtung Bad und dann aus der Zimmertür hinaus auf den Flur. Das konnte er nicht mitkriegen, weil beide Türen in einem kleinen Vorflur lagen.

Ich dachte: ‚Ist das nun ein Mann zum Heiraten? Hat sicher Frau und Kinder. Quatsch, wie soll er denn zu den Kindern gekommen sein, bei der Verklemmtheit. Ist auch egal. Meine Männer sind fast alle verheiratet. Ist eben mein Pech. Trotzdem ist er süß. Wenn das mit dem Österreicher doch nichts wird, kann ich auch zu dem Schweden zieh'n. Der ist wenigstens nicht so anstrengend. Im Bett jedenfalls nicht'.

Dann musste ich lachen über den verrückten Einfall mit dem Tuch auf dem Gesicht, und er tat mir noch einmal leid.

‚Er wird bestimmt nicht gleich abreisen', dachte ich, und beschloss, ihn ein wenig zappeln zu lassen.

Ganz zum Schluss, als ich schon auf der Straße war, war ich mir ganz sicher: ‚Als Bardame fange ich jedenfalls nicht wieder an. Da halte ich mich lieber an den Dicken. Der wird bestimmt nicht ohne mich abreisen'. Davon war ich überzeugt.

XVII.

Protokoll der Vernehmung in Sachen Tanja W.

"Die Tanja ist ein Schatz, den man mitnehmen möchte. Verstehen Sie? Sie ist etwas zum Vorzeigen. Ich möchte zu jedem sagen: ‚Seht, das ist Tanja. Meine Tanja'. Sie ist ein Juwel. Man muss sie lieben. Ich wollte sie vom Fleck weg heiraten. Das hab' ich ihr mindestens zweimal gesagt. So eine Frau ist zerbrechlich. Ich möchte sie beschützen. Andererseits habe ich auch meine Bedürfnisse, die Wünsche eines Mannes an eine Frau, wenn ich so sagen darf, und es fällt mir schwer, sie zu meinem begehrenswerten Objekt zu machen. Sie hindert mich nicht daran, aber ich selbst habe dabei ein schlechtes Gewissen.

Wir waren dreimal im Hotel zusammen. Jedes Mal musste ich dieses eigenartige Gefühl überwinden, um sie richtig lieben zu können. Mir war tatsächlich zumute, als machte ich etwas an oder in ihr kaputt.

Sie hatte keine Probleme, sie ließ sich einfach nehmen. Und das mit ihrem Lächeln. Also dieses Lächeln. Naja, das alles wollen Sie ja gar nicht wissen".

„Doch, doch. Erzählen Sie weiter. Ich muss Ihnen nur noch erklären, warum wir Sie vom Schiff heruntergebeten haben".

"Kann ich mir denken. Geht um ihre Fahrerflucht, nicht wahr. Hab' ihr gleich gesagt: ‚Tanja, geh zur Polizei. Damit ist nicht zu spaßen'. Aber sie macht ja was sie will.

Sehen Sie, das Mädchen taucht auf und verschwindet. Einfach so. Sagt nichts, ist weg und ist wieder da. Einfach so".

„Ist dieser Brief von Ihnen? Ich meine dieser Briefumschlag? Warten Sie bitte, bevor Sie antworten. Ich möchte Ihnen noch etwas erklären. Wenn Sie sich jetzt äußern, dann ist das kein Verhör, sondern es ist eine Befragung. Ich bitte Sie, mir auf meine Fragen so ausführlich wie möglich zu antworten. Ich will jetzt auch kein Protokoll schreiben, aber wenn es Ihnen recht ist, schalte ich ein Tonband ein und Sie quittieren am Ende mit Ihrer Unterschrift, dass Sie das freiwillig besprochen haben. Ihre Antworten sollen uns bei der Ermittlung eine Hilfe sein. Sind Sie damit einverstanden?"

„Ja, das geht so".

„Sie sagten, dass Sie sie vom Fleck hätten heiraten wollen. Meinten Sie das wirklich, oder war das nur so eine Redewendung. Könnte Tanja verstanden haben, dass Sie sie wirklich heiraten wollten?"

„Ganz ohne Frage. Absolut korrekt, was Sie sagen. Ich mein' es ernst mit ihr. Wenn sie zustimmt, heirate ich sie".

„Wir lesen aber aus den Unterlagen über Sie..".

„Was für Unterlagen denn.."

„Ach, ja, wir haben uns im Vorwege ein Telex mit Ihren persönlichen Daten schicken lassen. Ist Ihnen doch recht, oder? Wir können auch darauf verzichten, wenn Sie wollen. Wir brauchen die nicht unbedingt".

„Nein, nein, ist mir schon recht".

„Also daraus geht hervor, dass Sie verheiratet sind. Sie haben drei Kinder und leben nicht getrennt von Ihrer Frau, stimmt das?"

„Absolut korrekt".

„Sie haben Tanja aber die Ehe angeboten?"

„Absolut korrekt. Das ist doch gar kein Problem. Mit Tanja beginne ich ein neues Leben, wenn sie einwilligt. Ich lass mich scheiden. Das ist kein Problem. Das ist ganz normal. Eine Frau wie Tanja wird bei uns in Schweden auf Händen getragen. Sie ist absolut einmalig, schon wegen der Tätowierungen. Aber wegen ihres Lächelns, ihres ganz besonderen Lächelns, ist sie Königin bei uns. Das öffnet einem Tür und Tor. Das öffnet dem Mann, der sie besitzt, alle Wege. Wir in Schweden sind in der Beziehung ganz anders als ihr Deutschen. Wir verehren solche Frauen. Wir machen sie uns zu wahrhaftigen Königinnen".

„Das haben Sie dem Mädchen so aber nicht gesagt, oder?"

„Für lange Gespräche war keine Zeit. Sehen Sie, ich bin Geschäftsmann. Dauernd auf Reisen. Unterwegs habe ich nie etwas mit Frauen. Das ist

Prinzip bei mir. Aber es gibt Ausnahmen. Meine jetzige Frau zum Beispiel kommt auch aus Deutschland. Sie ist ein Mitbringsel sozusagen".

„Also, wenn Sie Tanja gegenüber vom Heiraten gesprochen haben, dann haben Sie es letztes Endes auch so gemeint. Ist das richtig?"

„Absolut korrekt".

„Gut. Dann noch einmal zurück zu diesem Brief. Kennen sie den, ist der von Ihnen?"

„Absolut korrekt. Den hab' ich für sie im Hotel zurück gelassen. Ich hatte gehofft, dass sie da noch einmal nach mir fragen würde. Der Portier sollte ihr den persönlich aushändigen.

Wissen Sie, Tanja war nicht zu erreichen. Ich habe mit ihrem Freund gesprochen, mit einem Österreicher und der hat bei ihren Eltern angerufen. Nicht meinetwegen, sondern weil sie in seinem Laden fehlte. Führt so eine kleine Spielhölle, und Tanja ist da Bedienung, Glücksfee für die Spieler und eigentlich Bardame. Gibt sich viel Mühe mit dem Bedienen und Abrechnen und so weiter, aber ihren Profit kassiert sie aus ihrem Zauber. Den übt sie auf die Männer aus. Ich glaube auf Frauen auch".

„Haben Sie dafür einen Grund? Ich meine, dass Sie annehmen, dass Tanja auch eine besondere Ausstrahlung oder Wirkung auf Frauen hat?"

„Das kann ich mir gut vorstellen, aber einen genauen Grund, nein, einen Grund habe ich nicht dafür. Sie ist der Typ, auf den alle Frauen fliegen, nicht nur bestimmte, aber die mit Sicherheit".

„Sie haben also keinen konkreten Grund, anzunehmen, dass sie ein Verhältnis mit einer Frau hatte".

„Nein, hab' ich nicht. Sie hat bestimmt nichts mit einer Frau. Schließlich weiß ich wie sie im Bett ist".

„Das kann täuschen. Aber Sie sagen es ja. Und was ist nun mit dem Brief?"

„Den sollte der Portier ihr vorlesen, wenn sie sich melden würde".

„Darf ich das etwas genauer zusammenfassen? Sie sagten vorhin, dass der Portier ihr den Brief geben sollte. Ist es so richtig, dass der Portier ihr von dem Brief berichten sollte, wenn sie anrufen würde und dass sie ihn sich dann selbst bei ihm hätte abholen sollen?"

„Absolut korrekt. Hab' ihm zehn Euro dafür gegeben. In dem Brief, es steht ja nicht viel drin, bitte ich sie, mir nachzufahren. Ich schreibe ihr, dass ich in dieser Stadt noch einmal Station machen muss, bevor ich auf die Fähre gehe. Das ist erst ein paar Tage her.

Das Hotel habe ich ihr auch aufgeschrieben, und ich glaube auch, wie lange ich hier noch zu erreichen bin.

Der Österreicher ist nichts für sie. Für den ist sie nur eine engere Beziehung zu einer Mitarbeiterin. Das hab' ich sofort gesehen. Von Liebe ist bei dem keine Spur. Bei ihr ja, aber bei ihm nicht. Bei dem klingen die Glocken nur, wenn es in der Kasse stimmt. Tanja ist für den viel zu schade. Er nutzt sie aus, ohne dass sie es merkt. Ist ein Jammer. Keiner sagt ihr das, keiner will ihr weh tun. Für die meisten ist sie eine Heilige. Das ist ganz merkwürdig. Sie sollten sie 'mal kennenlernen, sollten sie mal besuchen.

Was hab' ich noch geschrieben. Na, den Brief selbst wird Ihnen Tanja wohl nicht gegeben haben, oder?"

„Doch, wir haben auch den Brief, nicht nur den Umschlag. Aber ich möchte Sie bitten, uns alles so zu erzählen, wie Sie es in der Erinnerung haben".

„Ich habe ihr noch ein paar persönliche Worte geschrieben, dass ich sie liebe und so weiter. Was man so schreibt.

Was wollen Sie denn nun eigentlich von dem Unfall, von der Fahrerflucht wissen? Bin ja schließlich ihr Fahrgast gewesen. Hab' sie noch selbst gebeten zu fahren, wegen des Alkohols, verstehen Sie? Aber Tanja war völlig nüchtern. Sie ist nur einfach viel zu lange weitergefahren. Das war falsch".

„Können wir darauf später zurück kommen? Erzählen Sie mir bitte erst einmal, warum Tanja Sie im Hotel besucht hat und wie oft".

„Na, warum wohl. Das dürfte doch klar sein. Ich habe mich völlig in sie verliebt. Hört sich in meinem Alter billig an, aber es ist so. In der Spielhölle hab' ich sie angesprochen und zum Essen eingeladen. Da ist sie mitgegangen".

„Durfte der Österreicher davon wissen? Der ist doch ihr Freund, sagten Sie das nicht?"

„Absolut korrekt. Der ist ihr Freund. Mit dem ist sie auch intim. Bin mir ziemlich sicher. Darüber haben wir aber nicht gesprochen. Tanja mag mich auch. Sehen Sie mich an: hab' schon ein bisschen Bauch. Darauf steht sie. Sagt sie jedenfalls. Sie findet mich süß und gemütlich. ,An dich könnt ich mich gewöhnen', sagt sie. ,Wenn ich bei dir bin, wird mir so richtig von innen her warm'. Ja, ich glaub schon, dass sie mich mag.

Nach dem Essen sind wir ins Hotel. Da ist sie dann zweimal geblieben, bis zum Mittag, weil es nachts doch sowieso schon spät geworden war. Ein drittes Mal ist sie plötzlich in den frühen Morgenstunden aus dem Bett und raus und weg. Ich hab' das nicht richtig mitbekommen. Ich dachte, sie geht mal ins Bad. War aber falsch. War weg. Dann hab' ich sie abends in der Spielhölle vermisst, bis sie unvermittelt wieder auftauchte. Sie ist der reine Sonnenschein. Alle atmeten auf. Den richtigen Spielern muss sie Glück bringen. Wenn die nicht unter den Gästen ist, läuft da gar nichts".

„Hat es zwischen dem Österreicher und Tanja Streit gegeben? Denken Sie ruhig nach".

„Streit? Nein niemals. Er lässt sie machen, was sie will, alles".

„Gab es Auseinandersetzungen, wegen Geld zwischen ihr und dem Österreicher?"

„Nein, jedenfalls nicht, solange ich sie beobachtet habe. Wenn der mit ihr Streit angefangen hätte, wäre sie gleich auf und davon. So dumm ist der nicht".

„Und wie ist es mit Ihnen? Gab es Streit zwischen Ihnen und Tanja? Im Hotel? Im Auto? Sie haben sie doch heiraten wollen. Das haben Sie sie auch wissen lassen, ja?"

„Absolut korrekt".

„Sie sind aber ohne sie abgereist. Wie konnte sie das dann noch glauben. Vielleicht war sie enttäuscht von Ihnen".

„Tanja enttäuscht? Da muss ich lachen. Nein, ich glaube, dass sie sich deshalb nicht gleich für mich entschlossen hat, weil sie noch an dem Österreicher hängt.

Einmal sagte sie: ‚Heiraten? Heiraten tu ich den da. Der weiß nur noch nichts von seinem Glück'. Damit hat sie auf den Österreicher gezeigt.

Ich dachte: ‚Den liebt sie also mehr als mich. Aber so kommt eine Frau nicht zu dem Mann, den sie liebt'.

Dass der nicht wollte, wusste ich sofort. Das konnte niemals was werden. Also, ich habe berechtigte Hoffnung auf sie, aber natürlich nur, wenn sie den Österreicher aufgibt".

„Und wie war das denn die drei Nächte im Hotel? Gab es da Streit zwischen Ihnen und dem Mädchen?"

„Auch nicht, nein da haben wir uns über schöne Dinge unterhalten. Ich hab 'was getrunken, sie nicht, weil sie Alkohol nicht mag. Sonst war sie sehr lieb und nett zu mir".

„Sie sind mit ihr intim geworden, ja?"

„Sagte ich doch schon. Wenn mich eine Frau im Hotel besucht, dann bedeutet das etwas ganz Bestimmtes. Wir haben uns sehr geliebt".

„Haben Sie Tanja bezahlt? Dafür, dass sie zu Ihnen kam?"

„Tanja kann man nicht bezahlen. Die ist nicht so wie man es von so einer Frau vielleicht annimmt: ‚Also, Mädchen, was kostest du, komm mit in mein Hotel'. So ist Tanja überhaupt nicht. Sehen Sie, Tanja liebt, wen sie will. Man kann da nur wenig nachhelfen. Sie bestimmt darüber.

Ich wollte ihr aber auch `was Gutes tun und hab' sie gefragt, ob sie einen Wunsch hat. Sie hat mich richtig ausgelacht und etwas ganz komisches zu mir gesagt: ‚Ja, Dicker, kannst mir einen Wunsch erfüllen. Schenk mir eine richtige Windmühle zur Hochzeit'.
Kann man einen solchen Wunsch erfüllen? Nein.
Stellen Sie sich das bitte vor: Das Mädchen lag splitterfasernackt auf dem Bett und wünschte sich eine Windmühle.
Also, was sollte man da machen".
„Was macht man da?"
„Wissen Sie das nicht?"
„Nein".
„Das ist doch einfach, man verspricht, was die Frau will und hofft, dass sie es vergisst. An dem Abend war ja noch nicht die Hochzeit.
Außerdem hab ich ihr tausend Euro gegeben, damit sie sich 'was kaufen kann".
„Hat sie die angenommen?"
„Wissen Sie, für mich sind tausend Euro nicht viel. Für so ein Mädchen, dachte ich aber, ist das eine ganze Menge. Sie hat sich nicht einmal dafür bedankt und hat den Tausender außerdem noch auf dem Nachttisch liegen lassen. Richtig vergessen. Ich habe ihn ihr erst abends in der Spielbude geben können. Sie hat ihn wortlos eingesteckt. Mehr Geld habe ich nicht gewagt ihr anzubieten".
„Wenn Sie nun das Mädchen beschreiben sollten, ihr Aussehen, was sie angezogen hat, alles, was Sie wissen".
„Wie sie aussieht? Ich glaub sie ist erst zwanzig, sieht aber aus wie sechzehn oder siebzehn höchstens. Sie trägt gerne Jeans. Oben keine Unterwäsche, also keinen BH.
Sie sagt: ‚Das engt mich ein'.
Ich wollte ihr 'mal Unterwäsche kaufen. Hat sie auch angenommen, aber ohne BH. Eigentlich trägt sie immer nur schwarze, ärmellose Blusen. Davon muss sie unendlich viele haben. Sie kam immer frisch und appetitlich in den Spielsalon".
„Sah sie aufdringlich aus? Ich meine.".
„Sie meinen, wie eine Nutte? Nein, nur ganz selten zog sie sich wie eine Bardame an. Dazu gehörte eine sehr enge schwarze Lederweste mit einem sehr tiefen Ausschnitt. Ärmelfrei, versteht sich, wegen der Tätowierungen. Die zeigt sie immer".
„Können Sie die beschreiben?"
„Wissen Sie, ich weiß nicht einmal die Augenfarbe des Mädchens. Ich kann mir von den Tätowierungen nur merken, dass immer, wenn sie kassiert, jeder ihren Namen automatisch von ihrer Hand ablesen muss.

Irgendwo steht ‚Tanja' an ihr, aber sonst kann ich sie nicht genauer beschreiben. Sorry".

„Sie ist aber mehrfach tätowiert, ja?"

„Absolut korrekt".

„Auch an eindeutigen Körperstellen? Erinnern Sie das?"

„Sorry. Kann ich nicht sagen".

„Trägt sie Schmuck? Etwas Auffälliges, Besonderes, ein Kettchen oder so? Möglicherweise ums Fußgelenkt?"

„Schmuck habe ich nie an ihr gesehen. Dafür ist sie sicher zu eitel".

„Zu eitel? Wieso?"

„Ja, wegen der Tätowierungen. Dazu würde doch kein Schmuck passen. Find' ich jedenfalls".

„Da mögen Sie recht haben.

Ich möchte aber noch einmal darauf zurückkommen, dass Sie Tanja zum Nachreisen bewegen wollten. Das ist doch richtig so".

„Absolut korrekt".

„Und es ist ganz offenbar und eindeutig so, dass Tanja ihnen auch nachgereist ist".

„Was? Stimmt das? Ist sie hier? Also, doch. Hab ich mir doch denken können. Wo ist sie".

„Sehen können Sie das Mädchen nicht. Es geht auch bei dieser Befragung nicht um die Unfallflucht. Ich möchte Ihnen vielmehr einen Artikel aus der gestrigen Tageszeitung vorlegen.

Hier, nehmen Sie. Lesen Sie. Es ist angestrichen".

„Das hier? Frauenmord in Lübeck?"

„Ja, bitte. Auch wenn es schlimm ist für Sie, und wir Sie noch einmal um Ihre Unterstützung bitten müssen".

„Ein Jogger hat gestern Morgen am Rande eines Rapsfeldes eine weibliche Leiche gefunden. Nach Erkenntnissen der Kripo wurde die unbekannte Frau ermordet. Sie hat mehrere Tätowierungen: am linken Unterarm zwei Herzen und eine Rose, am linken Handgelenk ‚Tanja, "

„Oh Gott. Sie meinen, das könnte Tanja sein? Wie furchtbar. Soll ich Sie identifizieren?"

„Sie wären dazu bereit? Das würde Ihnen nichts ausmachen?"

„Nein, von wir aus. Das würde ich machen, wenn es sein muss".

„Es ist so, dass wir ziemlich sicher sind, dass es sich um Tanja handelt. Wir haben am Hals der Toten ein goldenes Kettchen gefunden mit einer kleinen Windmühle aus Gold daran".

Weitere Veröffentlichungen von Harald Birgfeld in Druck und Herstellung bei:
Books on Demand GmbH, 22848 Norderstedt und online.

Lyrik:

Alsterwanderweggedichte, *41 zeitgenössische Gedichte, (illustriert), 48 S.*
..and I said to myself, what a wonderful world,
36 Gedichte mit fantastischen Inhalten, 44 S.
Auf deiner Reise zum Rande im Rande des Randes der Sonne *187 Gedichte:*
Im Innern der Sprache werden Kräfte freigesetzt. 184 S.
Die Insassinnen, *Epos, Lyrik, Außenlager KZ-Sasel, 136 S.*
Die Zeit der Gummibärchen ist vorbei, *76 zeitgenössische Gedichte,*
(illustriert), 108 S.
Feuer, das zur Speise wird, *114 Gedichte aus meiner digitalen Welt, 68 S.*
Für dich..., *43 Liebesgedichte und 15 Augen-Blicke, 32 S.*
Gedichte, veröffentlicht in ausgewählten Anthologien, und Namenlos von
meiner Insel, **42 Briefe, Lyrik, 108 Seiten,**
Großes Liebestestament, *68 Liebesgedichte, 144 S.*
Honigweißer Duft, *14 fantastische Gedichte, 32 S. dabei 14 farbige Seiten.*
Im Reißverschluss der Illusion, *57 Facettengedichte*
Liebestestament, *37 Gedichte Liebeslyrik, 44 S.*
Mund aus Glas am Rand aus Fleisch, *114 Gedichte,*
Schwarze Liebeslyrik, 120 S.
Sofortige Lähmung, *112 Gedichte aus dem Innersten, 72 S.*
Unter einem Mikroskop, *36 Gedichte für eine parallele Welt, 28 S.*
Von Haut zu Haut, *132 Gedichte: Was macht meine Liebe an dir und an mir mit*
mir und mit dir? Liebeslyrik. 48 S.
Wir gerieten in den Gürtel der Meteoriten, *10.000 Aufschläge, Band*
14: Aufschläge 6502 – 6999, ca. 500 Strophen aus einem Zyklus von
10.000 Strophen. Lyrik. 224 Seiten
Wo die schwarzen Blätter wachsen, *129 erotische Gedichte? 76 S.*

Lyrik von Harald Birgfeld erschien in mindestens 27 Anthologien

Prosa:
Fünf Veröffentlichungen/Five Publications (deutsch/englisch),
32 S. Format A5 (1 Band)
Theorie und Utopie der eigenen Zeit,
Theorie und Utopie der anderen Zeit.
Die Zeit der Gleichungen ist vorbei
Societ lyrics, was ist das?
Folienbilder-Entstehung
Kleine Fibel Arbeitsschutz *(für die praktische Arbeit) an:*
„Hochschulen", „Kindergärten", „Schulen" (3 Bände)
(Nicht mehr lieferbar)
<u>Trennung von B.</u>
Phänomen, Trennung, 2017, 148 S. A 5
<u>Pina Bausch,</u> *Nachruf*
<u>Vom Sterben nach dem Tod</u>
<u>Warten auf die Anderen.</u>
            Trennung erster, zweiter und dritter Art, 104 S. A5

---

*Weitere Veröffentlichungen von Harald Birgfeld, derzeit **online** unter*
www.Harald-Birgfeld.de
Im Volltext für jedermann zugänglich und einsehbar.

Lyrik:

Bärbel und Harald, Epos, *Gedicht in 93 Teilen*
Die Frau des Terroristen, *53 Facettengedichte*
Die Insassinnen, Theaterstück, *Außenlager KZ Sasel, 3 Akte*
Gespräche dritter Art, *90 zeitgenössische Gedichte*
Gespräche zweiter Art in Art der Art, *89 zeitgenössische Gedichte*
Wir gerieten in den Gürtel der Meteoriten, *10.000 Aufschläge,*
23 Gedichtbände
